大野清美
おおの・きよみ

たった一度の人生、
わがままだって
いいじゃない！

「やめ主婦」はじめました

JN225870

言視舎

目次

序章❖期間限定の「やめ主婦」、はじめました！

1章❖チャレンジ！「やめ主婦」でやりたいことをする！――主婦をやめてできた時間のデザイン

2章❖キーワードは「少なく、シンプル」──「これがいい！」を大事にする空間のデザイン

3章❖自分を大事にする理由――夢はあきらめない！

序章❖期間限定の「やめ主婦」、はじめました！

1
このまま私の時間が搾取されていくの？

ある朝、目が覚めて、リビングに行った時の光景はいまだに忘れられません。

食卓には読んだまま広げられた昨夜の新聞、郵便物、飲みっぱなしで置かれたままのコップ、娘の化粧品類、広げたままのノート、筆記用具……、家族のありとあらゆるモノが載っていました。

リビングでは取り込んだままの娘2人分の洗濯物がいくつかの小山となって床を覆い、台所のシンクには、前の晩遅くに帰宅した夫が使った食器が洗い桶につけてありました。

たいていの共働き家庭で同じだと思うのですが、主婦がフルタイムで働くと、帰宅後から就寝まで自分の時間を確保することはほとんどできません。それでも、日々少しずつでも成長したいという想いから、隙間時間を見つけては資格試験の勉強をしたり、ブログを書いたり、といったことをしていました。私の場合、おもに誰も起きてこない朝に「自分時間を取ろう」と決めていて、早起きが日課でした。

家族の中で主婦である私だけが勉強机を持っていなかったので、リビングの食卓が私の作業場。そこにモノが載っていると、まず片づけることから始めなければなりません。夫、同居している次女、三女には勉強机がありますが、彼らの机の上にはすでにたくさんのモノが載っており、「物置化」していました。

ため息をつきながら、作業スペースを確保するために、家族それぞれのモノを勉強机に移動します。すでに物置化している机に、容赦なく上から重ね置きします。そして、新聞をたたんで古新聞袋に入れ、前日の残りの食器を洗います。床の洗濯物はざっとたたみ、私と夫、次女と三女の分に分け、引き取ってもらえるようにします。

結局、その朝はモノの分類と移動に時間がかかり、その間に家族が次々起きてきたため、早起きして取り組もうと思っていたことはなにひとつできませんでした。そして、そのまま出勤時間。

……そもそもこうやって食卓や床を片づけるのは私の仕事なのかな？

家族の「さわやかな朝」を演出するために「小人の靴屋さん」をやっているみたい。そして、私が片づけ、出勤した後、家族は再びその「すっきりした」食卓に、朝の支度に使った化粧品、その日いらないモノ、文具その他を置いて出かけます。

帰宅後の私を待つのは、やはり朝と同じようにさまざまなモノが置かれた食卓と、朝、使ったまま洗われずに洗い桶につけられた食器です。

この現象は、もちろん今に始まったことではありません。ずっと仕方ないと我慢してきたこと。家族全員がフルタイムで働くと、みんな忙しいのです。


それにしてもその朝は特別に散らかっていて、片づけに普段以上の時間がかかりました。自分のことがまったくできず、私のストレスはマックスとなりました。

夫は毎日、ほぼ深夜帰宅、前夜は普段にもまして遅く、おそらく帰宅後夜食をし、「ワンカップ大関」を楽しみ、新聞を読んで倒れるように寝入ってしまったのでしょう。2人の社会人の娘たちも残業で帰宅が遅かったのかもしれません。朝の「惨状」は、私が寝た後に繰り広げられた結果でした。

ワンオペで育児をしていた頃も大変でしたが、子どもが成人しても、家族それぞれからの家事協力がなければ主担当者である私の家事負担はほとんど変わらない、というのがその当時の実感でした。

今まで家族のために使っていた多くの時間と労力ですが、もう定年も近い年頃になって、

このままのペースで「私の時間を搾取され続けていくのか?」と思うと、**「これはいけない、このままではいけない」**という感情がどんどん湧いてきました。

ここから抜け出さないと、私の人生の第2ステージは始まらない。なんとかしなければ、ここから出なければ、その朝はそんな想いで頭がいっぱいになりました。

2

定年を前に――自分はどう生きる？

「定年を前に新たなステージに乗り出す」という考えが自分の中に芽生えたのは、ちょっとしたことがきっかけでした。

その半年ほど前に退職した職場の友人との話が心に残っていました。たまたま職場帰りの電車で一緒になった時に交わしたほんの10分ほどの会話です。

彼女は、退職の1年前にそれまで長年住んでいた自分所有のマンションを売却、賃貸マンションに転居しました。そして、退職したら長年遠距離で離れて暮らしていた外国人のパートナーと海外で新しい生活を始めるのだ、と。

定年退職をして人生のセカンドステージを迎えるにあたり、これまでの仕事の延長線上で働き続ける人も多い中で、彼女は定年直前に今まで持っていたものを処分して身軽になり、かつ、住む場所（海外に！）を含め、ライフスタイルそのものを変えるのだと言っていました。その思い切りの良さに感銘を受けたのです。

当時私は57歳、定年近くなってこれからどのように生きていこうか、模索する日々でした。そんな中で、これまでの暮らしに一区切りつけ、まったくあらたな道に進もうとしている彼女がまぶしく映りました。

3

目的もなくつらいだけの通勤時間

そのころ、2006年から勤め始めた職場への片道1時間半という通勤時間の長さが心身ともに限界に近づいていました。

家から最寄り駅まで徒歩12分、ぎゅうぎゅうのすし詰め電車に無理やり乗り込み、ターミナル駅で乗り換え、また満員電車、職場の最寄り駅に到着したあとは約20分の徒歩。往復にして3時間もの時間を、ただ移動のためだけに使っていました。特に最後の徒歩の区間には歩道橋が2箇所。日陰もほとんどなく、夏は歩くだけで汗だくになり、冬は寒さに凍えるような道です。

帰宅時は少なくとも職場の最寄り駅からは座れるものの、ターミナル駅からは再びすし詰め電車。もう、それだけで帰宅後はぐったりです。

もちろん、電車に乗っている時間を有効に使う方法はいくらでもあります。満員電車であっても英語のリスニングやオーディオブックでの読書はできます。しかし、ここ数年は、かつてのように「資格試験の勉強をする」といった明確な目標をなくしていました。

後述しますが、私が「やめ主婦」を始める3年前の2014年夏、右胸に乳がんが見つかっています。

当時はファイナンシャルプランナーの上級資格を取ろうと準備を進めていたのですが、抗がん剤の副作用が一番きつい時に科目試験の日が当たってしまったのです。悔しいことに体調不良で棄権せざるをえませんでした。

定年後は「得意の英語とファイナンシャルプランナー資格との掛け算」で何か新しいビジネスができないかしらと模索していたのですが、ぷっつりと気持ちが切れ、勉強を続けることができなくなっていました。

それまでいくつかの科目試験に合格していただけに残念でしたが、すっかりやる気をなくし、資格試験勉強をあきらめてしまいました。

定年後は今までとは違うことをしたい、そんなもやもやした気持ちがありながらも目標が定まらない日々。長い通勤時間は有効活用できず、ただ疲れが溜まるばかり。家と職場を往復するだけの日でした。

4

やりたいことと欲しいもの

当時、どう生きていくかの目標はなかなか定まりませんでしたが、自分の時間と空間があったらやりたいことや欲しいものはたくさんありました。

▼やりたいことリスト

・ブログを書くこと（ブログは２０１５年3月から本格的に書きはじめていました）
・定年後にやりたいことを早めに見つけておくこと
・マラソンの練習
・十分な睡眠時間を確保すること
・瞑想
・勝間塾の「サポートメール*」の課題に取り組むこと

＊「サポートメール」
勝間塾は経済評論家・**勝間和代**さんの私塾で、私は2011年頃からの会員です。サポートメールというのは会員向けに毎朝5時に届く有料のメールマガジンで、さまざまな話題が提供され、その話題に関する問いかけが課題として出されます。課題への回答は勝間コミュニティというSNS上に投稿、互いの意見を述べ合います。課題を出す、出さないは自由ですが、投稿したほうが絶対勉強になるし、議論の練習になります。
また、回答を書き込むことで塾生にも知ってもらえ、コミュニティをより上手く活用できるので、投稿したいとずっと思っていたのです。もちろん、投稿自体は簡単ですが、書き言葉で意見を述べるというのはそれなりに時間のかかる作業で、毎日時間不足を嘆いていた私はなかなか投稿できませんでした。

▼欲しいものリスト
・能率が上がり、腰痛にもいいという噂のスタンディングデスク（普通の机すら持っていませんでした）
・作業がしやすい大きなデスクトップコンピュータ（大画面はあこがれです）
・自動掃除機ルンバと、それを走らせることができる床（当時、家の床には衣類が転がっ

ていて、ルンバどころか、人も歩けない）
・ステンレスの流しがいつも光っている台所（家族がそれぞれ調理するので生ゴミがあふれる流しになっていました）
・色や形が統一された食器類（色もデザインも適当な食器が棚に詰め込まれていました）
・贅沢を言うならばひとりの部屋、最低でも「自分の机」

しかし、当時はどんなに文句を言っても「やりたいこと」も「欲しいもの」も実現しそうにありませんでした。

もちろん仕事を辞めてしまえば時間はできるだろうけれど、おそらく、ますます「家の片づけ」に翻弄されて家族関係が悪くなると思いました。また、お給料がなくなると、定年後にやりたいことを見つけるための資金も稼げません。収入がなくなることは、何より不安でした。また、職場では同僚にも恵まれ、やりがいのある仕事をさせてもらって満足もしていました。

そんな日々の中、ふと、「職場に近いところで下宿」あるいは**「ウィークデーだけホテル暮らし」のような生活**ができないかなあ、と思い始めたのです。

ただし、家族の名誉？のために言うと、「私が望むような片づいた家」を誰も望んではいなかったと思います。私にとって、家や部屋は「自分の将来を作る」場であり、同時に「主婦として家事を回す」場、そして翻訳などの仕事をこなす「仕事」場でもありました（当時は家での仕事はやっていませんでしたが）。しかし、人それぞれ、家に対する「思い」や「とらえ方」は違います。

夫にとっては「寝て、食べて、リラックスする」場、成人した娘たちにとっては、単なる「生活の場」でしょうか。

家の中に「主婦は2人いらない」とはよく言われますが、確かに、娘たちは成人しているとはいえ、自分が主体となって家事を回すつもりも責任もない。私の「やって欲しい、いつも片づけてきれいにして欲しい」という思いと、彼らが「やらねば」と感じている家事役割や範囲はまったく別ものだったと思います。

なので、日々の家の片付けは、私にとっては自分の責任を果たすべき重大関心事であっても、家族にとってはそれほど大事なことではなかったのです。

また、「片付けなさい！」と私がヒステリックに注意することで、一瞬、リビングに広がる衣類ぐらいは片づきますが、家族はもちろん不機嫌になるだけ。しかも長続きしません。イライラのスパイラルに陥ることはこれまで何度も経験してきました。

5 日ごとに増していく下宿願望

満員電車に乗るたびに、また、ちらかっているリビングが目に入るたびに私の「下宿願望」は大きくなっていきました。そして「家具付きのマンスリー」とか、ビジネスホテルの長期プランとか、あるいは職場周辺のワンルームのアパートなどをインターネットで検索するようになりました。

検索するうちに相場もわかってきました。ワンルームの家具付きマンションだと8万円ぐらい、駅近はもっと高い。だけど、自分はスクーターがあるのでスクーター通勤にするともう少し探せる範囲が広がる……。

インターネットではさまざまな部屋の間取りが紹介されています。部屋をめぐるネットサーフィンをしていると楽しい妄想が膨らみます。しかし現実は、毎日の忙しさに紛れ、自分の部屋など夢のまた夢でしかありませんでした。

家族にそれぞれの持ち物を片づけてほしい、と率直に言えないまま我慢していると、家の中のカオスはますます増していきました。朝の静寂で生産的な時間は一生私には得られないものなんだ……。そんな絶望が私の頭の中を覆い尽くしていました。

6

一度は娘たちの独立で自由な時間を手にしていたのに

私の下宿願望が強まった2017年から5年ほどさかのぼる2012年から2013年にかけて、大学を卒業した娘たちが相次いで独立、家を出て独り暮らしを始めました。

2014年のお正月は、数十年ぶりに夫と2人きりで除夜の鐘を聞きました。子どもたちがいなくなって感じる寂しさ、俗に言う「空《から》の巣症候群」に襲われる、ということもなく、多忙な夫はますます業務に、私は仕事とあらたに始めたマラソンの練習に励む年末年始でした。

子どもが巣立って、やっと自由時間を楽しむ暮らしがやってきたのです。もちろん、子どもたちがいる生活は張り合いがあり、にぎやかで楽しい日々でしたが、久しぶりの夫婦2人だけの生活は思いのほか楽で、快適でした。

夫は家でほとんど食事をしないため、帰宅時間を誰に報告しなくてもいい。洗濯物が多少溜まろうとも、週末にやれば十分。ちらかす家族は夫だけ、しかもほとんど家にいない、というかつてないのびのびした日々。

子どもの独立で寂しい気持ちもありましたが、成人すれば家を離れるのは自然なことです。それに私自身もやりたいことがたくさんありました。これからはどんなことをして楽しんでいこう、そんなことを日々考えていました。

7 娘たちの「出戻り」がもたらしたもの

ところが、しばらくして業務の関係で地方に暮らしていた子どもたちが相次いで東京に戻ってきました。しかも一人暮らしで購入したさまざまなモノをそれぞれ持ち帰ったため、鍋、調理器具、食器、家具、家電など、家の中のモノが一気に増加してしまったのです。

何度か声をかけて当面必要ないものを捨てるように言ったりもしましたが、なかなか動いてくれません。しびれを切らし、例えばベッドやビニールの衣装ケースのような大物家具は、私が代わって粗大ゴミの申し込みをし、「親の強権」を使って処分してしまいました。

せっかく自分のお給料で買ったものを取っておきたいという子どもにとっては迷惑な話です。でも、一軒の家に3世帯分の鍋やお玉は必要ありません。

一方で自宅暮らしOLとなった娘たちは家賃の重荷から解放され、お給料を自分のためだけに使えるようになりました。

なんといっても年頃の女子。洋服・バッグなどの購買意欲も盛んで、たちまちのうちに新宿、渋谷などのブティックのしっかりした大きな紙袋が押入れに溢れ返り（一度使っただけで捨てるのはもったいない紙質）、郵便受けにはバーゲンセールの案内葉書が次から次へと届くようになりました。

子どもたちが独立して、やましたひでこさんの「断捨離」や「心がときめく」こんまりさんブームにも乗ってこれから家を片づけようと目論んでいた私の秘かな計画は頓挫。逆に溢れかえる家の中のモノに押しつぶされそうになっていました。下宿願望が膨らむ背景にはそんな悶々とした思いがありました。

また、一緒に暮らす家族がいると、「何時に帰る」とか「ご飯は家で食べる、食べない」は最低限のマナーとして伝えないといけません。誰が作るか、も大事な取り決めごとです。ほとんどの場合、私か三女のどちらか先に帰宅したほうが作ることになりました。

洗濯物も飛躍的に増加。最近の若い世代は一度着た衣服は全て洗濯するようで、水道メーターの計測員が「水漏れではないですか」というほど、水道使用量も一気に増えました。

お風呂は互いに入る頃合いを見計らうなど、自分の生活時間の管理権も「縮小」しました。夫と2人きりの時のような勝手気儘な暮らしができなくなってしまったのです。

夫婦2人暮らしの穏やかな生活は泡と消えました。一度手に入れてしまった自由だけに、失った痛手は大きかったのです。

8
ある日突然不動産屋に

2017年6月初旬のある土曜日のことでした。
職場の友人が職場近くの公園でバーベキューを企画してくれました。公園でみんなと別れた帰り道、夕方4時ごろにいつもの駅に戻ったところ、普段は急いで通り過ぎる不動産屋にふと目が止まったのです。

あ、今日はまだ早いから不動産屋さん、開いてるんだ……。

自分でも驚くほどの行動でしたが、気がつけば不動産屋のカウンターに座り、担当の女性に「駐輪場があって、家賃がそれほど高くない物件」を「職場周辺で」探してほしい、と依頼していました。
担当してくれた方はコンピュータを叩き、すぐにいくつか候補を出してくれます。プリントアウトされた物件は3軒。そして、その日のうちに営業車に乗せてもらい、現地に向かったのです。

3軒のうち、2軒はピンときませんでしたが、最後に見た2階建アパートの2階の一室がとても気に入りました。洋間とロフト、半間の押入、天井が高く、天窓付きで明るい。小さな台所にはIHヒーター、そしてユニットバス。広くはないけれど、最低限の持ち物ならば暮らせる。隣のアパートとも適度な距離がある…。

家賃を聞くと4万8千円。年にすると約60万円、その他諸々入れても100万円あれば暮らせるのではないか。定年まで2年住むとすれば、200万円……。頭の中の計算機が高速起動し、**妄想が突然、現実味を帯びてきました。**

9 家族はどうする？　パパは納得するかな？　子どもたちは？

その時私は58歳。定年まであと2年。長いお勤め、そしてワンオペ育児（134頁以下を参照）のご褒美として、それぐらいの「無駄遣い」は許されるのではないか、という思いが頭をよぎりました。

仕事と家事と家族の誰よりも長い通勤時間をこなしてきた。夫は反対するだろうか。いや、自立しているし、私を当てにしている人ではないので大丈夫。ダメって言われたら「ワンオペ育児で失った時間を返して！」って言い返そうか……。

子どもたちはもう成人していて、今さら「ママ」頼りでもないだろう。かえって「セイセイした」というかもしれない。……家族の反応を想像してみました。

不動産屋を訪ねたのが土曜日。週末、このまま前に進むべきか否かを考えました。いや、むしろ不動産屋に入ったこと自体が「決め」の行動で、じつは「あの部屋でいいかどうか」を決めかねていた、というほうが正しいのかもしれません。あと考えるべきことは、「もっと粘って他にもいい部屋を当たるべきかどうか?」だけでした。

物件は駅から歩いて10分ぐらい、職場にはスクーターで10分、天井が高くて周りは静か。「あの部屋を他の人に譲りたくない」、悩んでいる間に先を越されたりして後悔するより前に進もう。そう決めて月曜日には「あのお部屋が気に入ったので確保しておいてください」と不動産屋に電話をしていました。

夫にはまだ内緒です。心の中の強気とは裏腹に、じつは前もって話して反対されたらくじけるかもしれない、と思うと言い出せなかった。また、反対されたときにきちんと説得できるかどうか、自信がなかったのです。

10

契約――念願のマイルームを手に入れた！

人が変わる方法は3つしかない。「一番目は**時間配分**を変える、二番目は**住む場所**を変える、三番目は**付き合う人**を変える」とは、マッキンゼーの元支社長、大前研一さんの言葉です。（大前研一『洞察力の原点』より）

実際、どれもが**本人自身が強い気持ちをもって変えようとしない限り変わらない**ものです。それは**まさに今やるべき**ことだ、とアパートの仮押さえをしたその瞬間、確信しました。

誰にも相談せず、内見から3日目の火曜日には印鑑を持って、再び不動産屋を訪ね、契約書を作りました。

契約書を作るときに知ったことですが、その物件は「保証人」はいらないけれど、一応「審査」があります、とのこと。ここは素直に夫の名前と連絡先を登録しました。もう契約したのだから後には引けません。

私にとっては、あの日の「散らかったリビング」が引き金となりましたが、それ以前から「自分の時間と空間」がない日々は本当につらかった。私の「モヤモヤ」がやっと晴れ間を見せた瞬間でした。

帰宅後、その日もいつも通り遅くに帰ってきた夫に、「職住接近の部屋が欲しいので部屋を借りた」「とりあえず2年間」と「結果」だけを一気に話しました。

11 拍子抜け――家族の反応

理解のある夫ですが、さすがに今回はもしかしたら反対されるかも……、と、内心、かなり不安でした。通勤時間の長さや家事負担など、理由はいろいろあるけれど、夫に理解してもらえるかどうかがまったく不明だったからです。

ところが、彼は私が拍子抜けするぐらいあっさりとOKしてくれました。

夫の意外な反応は、こうでした。

「そうか、その手があったか。いや、僕も〝事務所〟が必要だと考えていたんだよ。君の部屋、名義だけでいいから僕の事務所にしてくれる？」

「は？」

聞くところによると、じつは夫も自分の仕事のために事務所となる場所を求めていたのです。

夫が、ある職業団体に入ろうとしたところ、その団体への入会条件は「ファクスと応接セットをそなえた事務所をもっていること」だったそうです。

自宅では叶わぬ条件でした。なので、夫も「どこかに部屋を借りる」ということを模索していたのです。

なんというタイミングでしょう。

私の部屋は、応接セットなどが入れられるような部屋ではなかったため、結果的に彼のオフィスにはなりませんでした。しかし、私が部屋を借りる、というアクションを起こしたことで彼の次のステップへの心理的ハードルが下がったのです。

「僕も部屋を借りようっと」とばかりに、夫は私が一人暮らしを始めた翌年の夏には自宅近くに小さなマンションの一室を借りています。夫はしばらくその部屋を物置にしていましたが、使い勝手が悪く、事務所にはなりませんでした。

しかし、やがて私たちは共同で家の近所に事務所を借りる、ということを実行しています。それは私が「やめ主婦」を始めた2年半後の出来事でした。

さて、夫に不動産の審査会社から電話がきて、「その人は間違いなく私の妻である」と「保証」してくれたおかげで審査に合格、ようやく鍵をもらったのが2017年7月のことでした。

では、他の家族、すなわち同居の子どもたち（次女・三女）の反応はどうだったかというと……、

「えー、ママ、自分の部屋借りるんだって？　かっこいいー！」

普段、私に家事を任せているようだけど、2人とも一度は一人暮らしの経験もあり、自分でやろうと思えばひととおりできます。特に困る、といった反応はなく、「かっこいいー」と褒められてしまいました。ちょっと安心。でも、やっぱりあんまり必要とはされていなかったみたいで複雑な気持ちでした。

家事を後まわしにできない自分と、自分のペースでしか動こうとしない子どもたち……。母と成人した娘の関係は難しいのです。

社会人として外で働く彼らは当然職場では成人としての扱いを受けていて、家で「子ども扱い」をされる筋合いはない、と思っているでしょう。家事の多くを主婦である私がやっているその実態は、私が（子どもたちがとりかかるまで）待てずにやっているということでした。

たとえば、皿洗い。私は食べたらすぐに洗いたい。一方、娘たちは食事の後はゆっくりして、寝る前に洗えばいいと思っているようです。でも私はお風呂の前にすませたい。「待てない」から、つい洗ってしまう。そして「誰もやってくれない！」と怒りがわきます。

あるいは、風呂掃除。浴槽の掃除は、誰でも最初に入りたい人がするのですが、お風呂で洗うべき場所は浴槽だけではありません。私は入浴中でも気がついたらお風呂の壁、床、鏡、洗面器、椅子など、湯垢や石鹸垢のついているところをこまごまと掃除します。そして最後に排水口の髪の毛の処理。

ひとつのお風呂を時間を変えて4人が使うし、その日最後に入る人が窓をあけるなり換気扇を回してくれないと、浴室は翌日まで湿ったままで、カビの温床になります。

「お風呂から出るときは、入ったときの状態よりもキレイにするぐらいの気持ちで出てほしい」と2人の娘に頼んだことがあります。娘たちからは、「お風呂時間ぐらいゆっくりしたい。風呂掃除は別にやればいい」などと言われ、断られました。

ちなみに、夫は入るだけの人です。

では、浴槽以外の風呂掃除はいつやってくれるのかと我慢して待っていると、いつまで待ってもやってくれる気配はありません。

結局、私が掃除をする→きれいになっているから誰もやらない→汚れる→私が掃除する、という私にとっての悪循環が永遠に繰り返されました。家族全員が「ゆっくり」できるお風呂タイムを生み出すために、私のお風呂タイムはいつもお掃除タイムです。

結局、娘、あるいは夫が風呂掃除をしてくれたのは、年末の大掃除の時の一回きりでした。

一事が万事、当事者と非当事者では意識もペースも違うのです。期待すると（私の）不機嫌の要因が増えるだけ。子どもたちとは少し距離をおいたほうがいい、自分たちでうまくやればいい、と割り切りました。

なので、一人暮らしを始めるにあたり、**主婦をやめたついでに「お母さん」でいることもやめました**。もう成人したのだからお互いワーキングウーマンです。娘たちが働き始めた頃は、体調とか、機嫌とか、こまごま心配していました。彼女たちには余計なお世話だったかもしれませんが、一緒にいるとつい気になります。

しかし、もうお互い大人です。距離が離れることで、それぞれの体調、機嫌、お金の管理は自己責任、と「お母さん」を卒業し、子離れを果たしました。

私には3人の娘がいて、長女は結婚してインドネシアに暮らしています。私の「独立宣言」は夫からEメールで報告されたようです。ある日、スマホのメッセンジャーで「ママ、『別荘』持つんだって?」と言ってきました。

長女の感想は「ま、いいんじゃない?」。

別荘を持つ、とは言い得て妙です。仲が悪くて家族が離散するのでなければ彼女にとっても心配ごとにはならないでしょう。高みの見物を決め込んだようです。

一方、高齢の母にとっては、天地を揺るがすほどの「大事件」でした。

「あんた、なんか家出したって?」と、母からの電話。長女に聞いたらしいです(え、言っちゃったの? 余計な詮索するから私からは言わなかったのに……)。

母の世代から見ると離婚の前兆! 「仲はいいのよー」と言ってもなかなか信じてもらえませんでした。

とにかく、「昨日と違う今日は恐怖であり、悪である」と信じている母にとっては、こんな「大冒険」、暴挙以外のなにものでもない行動です。何を言っても理解されません。

そもそも、お勤めもしたこともないので母は満員電車のつらさも知りません。

まあ、面倒くさいので母とは離れて暮らしていてよかったです。

12 ほかの反応いろいろ

では、同僚や上司、友人たちの反応はどうだったかというと……？

▼職場のチームメンバーの反応（30代女性）

いつものチームミーティングで発表しました。「引っ越して近所に住むことになりました」。……え、家族は？　一瞬全員が固まってしまいました。1人でスピンオフですか?!

チームは若手が多く、まだまだ新婚だったりしてむしろ一番「一緒にいたい」時期のひとたち。この反応は当然といえば当然ですが、やがて、「いやー、衝撃です。（思い切ったこと）やりますねー！」

もちろん、喧嘩別れでもなく、遠距離通勤回避、主婦・母親卒業のため、と説明すると今度は面白がって「遊びに行きまーす、女子会やりましょう！」と、ノリノリです。まだ実現はしていませんが、そのうちタコパ（たこ焼きパーティ）が開催されることでしょう。

▼上司（女性・50代前半）

「え、離婚するんですか？」というのが私の上司（女性）の第一声。「ご主人と何かあったの？」と夫婦仲の心配をしてくれました。

「いやー、仲良いですよ。通勤がつらいので近所に住みたいと思って」と、まあ、半分、正直に答えます。あとの半分は「主婦をやめてやりたいこと探し」ですが、話せば長くなります。

ありがたかったのが、「（近くになったからといって）残業しないでねー」との一言。もちろん、大丈夫です！　仕事をたくさんやるために引っ越したのではなく（もちろん仕事もしっかりやりますが）、自分時間を最大化し、新しいことに挑戦するためですから！

▼上司（50代後半男性）

「（マラソンの）練習したいんだね？」というのが（体育会系男性）上司の第一声。

ふむふむ、なかなかわかってらっしゃる。はい、それもあります！

私は当時58歳。55歳の初マラソンで作った自己ベストから遠ざかるばかりの毎回のレース運びに自分自身情けなさを感じていました。

初マラソン（2014年2月）の時は、それこそ余暇をすべて使うぐらい練習をして臨みました。その翌年、乳がんの治療があり、体力は低下。それ以来十数回参加したマラソンでは「記録よりも完走」狙いのレースを展開していました。

「完走狙いばかりじゃつまんないなあ」

そんなことを思っていたので、キリがいいタイミングで「還暦自己ベスト」を狙うことにしたのです。

そんな目標を持っていたことをその男性上司に話したことはありませんが、彼の中では大野＝マラソン、というイメージだったのでしょう。真っ先に思いついたのが「職住接近＝マラソン練習時間」だったようです。

実際、一人暮らしを始めると、仕事帰りに職場近くの運動公園に立ち寄り、練習ができるようになりました。

職場では、順次、知り合いに「自己開示」するようになりました。隠すようなことでもないので「最近近くに引っ越して……」。しばらくするとみんな慣れて「今日はどっちに帰るの？」と自然に聞かれるようになりました。

離婚でもなく、単身赴任でもなく、「下宿」から出勤、「下宿」への「帰宅」生活は同僚にとって珍事ではなくなりました。

▼同級生男子

1年ぶりの同窓会で話した同級生男子の言葉は、「面白いことするねー、基地ができていくの、楽しみにしているよ」という感じで、好意的な意見が多かったです。ちょうど、部屋に置く家財を必死でDIYしていた頃です。

なるほどー、彼にとっては「基地」か。いいこと言うなー。確かに、私の作戦基地だわ。もっとも、自分の奥さんが出て行くのは「いや」みたいでしたが。

単身赴任はまったく珍しくない昨今ですが、世の中の勤め人（男性）にとって、通勤1時間半は普通の距離。そんな中、主婦が勝手に基地作りでスピンオフ。そういう家族の「あり方」の多様性を認めてくれる人もいるのだ。寛容な社会になったなあと感じました。

▼同級生女子、ママ友

同級生女子の「圧倒的な支持」には驚きました！

「へぇ、いいなぁ、私もやりたい！」

大方の反応がこれでした。大学の同級生たちはみんな家族仲がよく、問題があるような

（失礼）人はひとりもいません。でも、どこか、心の片隅で「自由気侭《きまま》な暮らし」に憧れているのでしょうか。

久しぶりに会ったママ友は、「いいわねー、自由で」と言っていました。彼女は、「夫と寝室を別にして、正直ほっとしたの。いつもの朝からＢＢＣ放送を聞かされるのだけど、私は別に聞きたくもないし……」

なるほど、確かに若いころは同じものを観て、同じものを聞いて、ああ、パートナーはこんなことが好きなんだ、こんなことを大事にしているんだ、とわかり合っていきます。でも、歳月を重ねるうちにお互いの好きなことを尊重しあいながらも「自分は違う」というのがはっきりしてくるのかもしれません。

長く一緒にいて、「ああ、あなたはそれが好きなのね。私は別にいいわ」と寝室を別にするといったこともあるのでしょう（それ以外の要素もあるかもしれませんが）。

私達夫婦は（余分の部屋もないので）自宅では一緒の部屋で寝ていますが、私が部屋を借りたことで、**1時間半の距離を空けた「夫婦別室」が実現**しました。それもまた新鮮です。

13 わかり合えない？　家事負担事情

同年代の職場の男性（夫と同じぐらい）で同じく長時間通勤をしている方の反応は微妙でした。

「僕も長距離通勤だから職場近くに住むこと、考えたことあるけどね、やっぱり家族が好きだからやめた」

言い返さなかったけど、私だって家族は好きで大事。だけど、そんな気持ちだけではカバーしきれないことがあるのです。

むしろ、寂しがり屋なので本当は誰よりも家族と一緒にいたい。でも、だからといって〝家事奴隷〟のままではやりたいことも十分できないし、なにより自分が輝けない。家事当事者ではない男性にはわかりえない感情かもしれません。

家族と一緒にいると、自分がやりたいことに対して時間と空間という制限がかかる、とはっきりわかったから私はスピンオフしてしまったのです。

現代の子育て世代の男性は、育児も家事もかなり高い割合で分担しているようで、本当に羨ましいです。私の年代である50～60代（とそれ以上の年代）の男性にとってはまだ家事は女性メインの「仕事」。自分の業務ではありません。そもそも、お金を外から持ってくるのが男の仕事、と思っている人がほとんど。家事をやったところでお金にならないので「仕事」にはなりえないのです。

もちろん自分の夫や、周りの数人の男性を例にとって一般化はできませんが、彼らにとって、家事はせいぜい「手伝うもの」。

最近では、夫と三女が家にいて、私は平日アパートにいるわけですが、洗濯はおもに三女がやっているようです。それで、たまに夫が洗濯をすると必ずのように夫・三女・私が入っているＬＩＮＥで「洗濯をした。取り込み頼む」と、メッセージが来ます。

三女は、「パパってさ、自分が洗濯をしたとき、いっつもＬＩＮＥしてくるんだよね。だいたいさ、私が洗濯したときは自分で取り込むし、言わなくても帰ったら取り込むよね。たまにやったら『やったから褒めて』ってアピールしてるのかな」と、なかなか厳しい言葉がでてきます。

さて、当時の話に戻りますが、家事当事者の私にとっては待ったなしの手順の数々。他人事のように「手伝うもの」ではありません。

帰宅から就寝までの時間、朝起きてから出勤までの時間、それこそ自分のことは最後にしかできないぐらいやることがあって、やがて時間切れで1日が終わる。積み残しは、翌日あるいは週末、あるいは放置（するからますます溜まる）。それほど手強いのが家事だと思っています。

私の場合、仕事好きな夫が帰ってくる時間は私がちょうど寝る頃。

夫からすると「仕事が終わって帰宅したら、妻は寝ていて、いい気なもんだ……」など と、呑気に思いながら、深夜のスーパーで買ってきたおつまみとワンカップで「くつろぐ」のでしょう。「あー、今日もよく働いた……」

でもね、じつは「あなたの視界」には、片づけられていない床の上の洗濯物とか、一日食器を洗った後にお茶を飲むなどして使われたコップとか、子ども達が食卓に放置したテレビのリモコン、自分が散らかした文具、使った後、ゴミ箱に到達しなかったティッシュ、空になったペットボトル、スーパーの空袋など、散らかっていませんか？　見ようとしないから、見えていないだけ。気にならない、というのはこの場合、かなり得です。

じつはそれらは、私が力尽きてこなしきれなかった家事の残りです。

私だって外で仕事をしているのに、帰宅してからは家事というもう一つの仕事をこなさなければいけない。

なんだかなあ……。

洗濯物を取り込み、たたみ、引き出しにしまう。もし私がやらなければ取り込まれた洗濯物は、どこにも行ってくれません。

ほかにも、そんな**細かな家事は山ほど**あります。

・トイレに入れば使ったついでにさっと便座をふき掃除、そして床ふき。男性は立ってするのでどこに飛沫が飛んでいるかわからない。臭う前に拭き取ります。
・洗面台の洗面器や鏡は自分が顔を洗う時に曇っていればメラミンスポンジで磨きます。いつもツルツルにしておきたいところ。水垢禁物です。
・洗面台周りの壁に水滴が飛んでいれば乾いた雑巾で拭きます（濡れたまま放っておくと、カビが生え、壁紙が剝がれます）。
・家の各所にあるゴミ箱には処理がしやすいようにスーパーの袋をセットしておきます。
・玄関に散乱している靴を船出に揃え、しばらく履いていなさそうな靴は靴箱にしまいます。時間があればついでに玄関掃除。
・出かける時、少しでも余裕があると玄関や駐車場のゴミを拾い、落ち葉を掃きます。
・お風呂に入れば、入浴ついでに風呂床掃除、椅子、洗面器の石鹸垢をこすりとります。
また、シャンプー台のこぼれシャンプーも拭き取り、鏡を磨きます。
・台所の三角コーナーはゴミ処理ついでに洗います。ガスレンジの五徳の汚れは調理後の熱い間にさっと拭きます。
・洗濯機下の防水パン。髪の毛やホコリがじつはたまりやすいところです。ここも、気づいたら拭き掃除します。

自分の生活動線の中で「ついでに」行なっている家事は限りがありません。

そんな小さな「ついで」家事の積み重ね、夫や世の中の「家事を手伝っている」男性陣は知ってくれているかな?

1章❖チャレンジ！　「やめ主婦」でやりたいことをする！

主婦をやめてできた時間のデザイン

1　ブログ・メディア　突然の大ブレイク、お茶会開催へ

２０１７年7月、突然、始めてしまった一人暮らし。そんな暮らしをブログで発信するようになりました。

その頃通っていた**立花岳志**[*]さんの「ブログ・ブランディング塾」の近況報告で「主婦やめました」と報告すると、立花さんはそのことを肯定的に捉え、とてもおもしろがってくれました。

＊立花岳志
作家／ブロガー／心理カウンセラー／コンサルタント／イベントプロデューサーなど、複数の職業を持ち多面的に活動するスラッシャー（ブログ No Second Life https://www.ttcbn.net/のプロフィールより）

「普通、そうやって女性が一人暮らしを始めるのは、離婚か別居を前提としたもの、となるでしょう。仲良くしながらも、一人暮らしをエンジョイしているなんて、すごく変わってるじゃないですか。こういうのも、新しい家族のあり方、ライフスタイルの提言ですよ」と言ってくれたのです。

ブログの世界の大先輩に褒められて、「そんなものかなあ」と「家出主婦」を多少は引け目に感じていた私の気持ちが軽くなりました。

気を良くして、自分の時間と空間をどんどん居心地よくしていき、これまでやりたくてもやれなかったことを次から次へと実現し、ブログに書き続けていくと、ある日、大ブレイクが起こりました。

それまでは**私のブログ「風になる」**は、徐々にアクセス数が増えていましたが、ある日、一日単位ではなく、時間単位でアクセスが増える、そんなことが起こりました。

最終的には1日に5万をこえるアクセスがあったのですが、その仕掛け人となったのは、「モトカレマニア」という作品を書いている人気漫画家、**瀧波ユカリ**さんです。私がFacebookにあげたブログ更新の記事を（自動的にツイッターに転送される仕組みにしてある）ツイッターで拾い、リツイートしたことから火がついたようでした。

見る見る上がるアクセス数に驚き、そして「なんで、こんなに他人の生活に興味があるんだろう」と、自分でブログに書いておきながら、怖くなってしまいました。そして、この盛り上がりがラジオでも取り上げられ、人生相談番組で「こんなふうに、あっさり主婦やめちゃった人もいるんですよ」という話になったそうです。

私自身はその放送を聞いていなかったのですが、のちに開催した私の**トークショー「清美とお茶会」**にいらしてくれた関係者の男性が、ラジオで話題になっていたという話を教えてくれました。

こうした盛り上がりを受け、立花さんがセミナーの際にこの話題をとりあげて「こういうユニークなことをやっちゃう人の話、聞いてみたいですよね?」とクラスのみなさんに声がけしたのです。

思いがけず立花さんが「けしかけて」くれたおかげで、「清美とお茶会」という会を自分から開催することになりました。自分で企画し、トークをする、という初の試みで、ブログ仲間の貸し会議室、Kitchen Beeという会場を確保、ブログで宣伝したところ大勢の方々が集まってくださり、とても楽しい経験をしました。

その後もお座敷がかかるたびにお話をさせていただいています。

2　楽しい楽しい「やめ主婦」暮らし

さて、前項で私の生活が注目されたお話はしましたが、実際、「主婦をやめて」自分のお部屋を職場近くに借りて、どうなったか、というと……

もう、快適すぎて快適すぎて毎日が楽しい♪　としか言いようがありません。

夜、一日の業務と勉強を終え、結構ヘトヘトになって電気を全部消して寝る時など、思わず「あー幸せ！」と心で唱えます。それまでは、夫が帰ってきたときに電気が消えていたら困るだろうと思い、いつも寝室の電気をつけたまま、自分は掛け布団を頭からかぶって寝ていました。それが、「待つ」ことを一切考えず、自分が寝たい時間に電気を消して寝ることができるなんて！　たったこれだけのことで嬉しくなってしまうような、「一人の自由を満喫する」、そんな生活が始まりました。

あまりに嬉しくて、職住接近の一人暮らしになってできるようになったこと・得られたものを数え上げてみました。

できるようになったこと

・朝時間の活用（瞑想して、朝勉強して、ブログを書いて……）
・調理家電を使った簡単料理（一人分だから楽チン！）
・帰宅途中のランニング（自己ベストをめざすぞ！）
・遠距離介護の母への電話（夜7時には寝てしまうので、その前に）
・職場帰りの寄り道（たまにはゆっくりカフェでも）
・たまの夜更かし（小説が面白すぎて寝られない！とか）

得られたもの

・三角コーナーがなく、いつもキレイなステンレスのシンク（じつは三角コーナーを置くと、なんでもそこに捨てるため、濡らさないでいいものまで濡らしてしまい、ゴミがふえる。家ではこれがイヤでした）
・洗濯物が散らかっていない床（自分の分だけなのですぐに片づく）
・週末にはほとんど空になるスッキリした冷蔵庫（一人分なら購入量と料理の徹底管理が

できます）
・何も置かないスッキリした卓上。食事時間と勉強時間以外、ほとんどモノを置きません（終わったらすべて片づけます）
・ごちゃごちゃしない、白で統一したごく少量の食器
・家事をしなきゃ、という焦りのない「心の余裕」

もともと一人暮らしの人にとってはあまりに当たり前すぎる時間リッチな生活。なんだ、この程度のことか、と思われるかもしれませんが、私にとってはこの**「自分時間独り占め」が至上の喜び**でした。

平日は仕事、ランニング、ブログ執筆や勉強に時間を使い、週末は家に帰り、少しの時間ではあるけれど家族とともに過ごします。とはいえ、夫は土曜日も日曜日もなく職場に出かけ、次女もこの原稿を書いている今となっては結婚して家を出ています。でも、三女とはご飯を一緒に食べ、テレビを一緒に見たり、一緒に料理したりします。

そんな**「なんでもない」家族との時間は、これまでにも増してほっこりするひとときと**なりました。

3 「やめ主婦」の1週間

では、ここで**私の1週間の暮らし**をご紹介します。

▼月曜日

週末は家（「家」は、家族と過ごすところ、「アパート」は一人暮らしの職場近くの住まいです）で過ごすことが多いので、月曜日は朝早く家を出て、まずアパートに向かいます。大抵、月曜日の朝は夫と一緒に家を出ます。アパートを借りる前から、朝は大抵「同伴出勤」でした。夫の帰りが毎日遅いため、朝が夫婦のコミュニケーションタイムとなっていたのです。そうすると夫の睡眠時間はかなり短いことになりますが、それでも、朝の出勤時間は夫なりの「思いやり時間」だったのでしょう。早く起きて一緒に出かけます。

アパートを借りてからは月曜日の朝だけが「同伴出勤」の日となりました。その時間は、仕事の話、子どもの話、ニュースの話……、わずか1時間たらずですが、情報交換をする貴重なひとときとなります。

夫は勤務先が違うので途中の駅で電車を降ります。そこからが私の「一人時間」の始まりです。

私はそのまま電車に乗り続け、家を出て1時間ちょっとで職場最寄り駅に到着します。職場までの交通手段であるスクーターはアパートの駐輪場においてあるため、まずはアパートに向かいます。そしてスクーターに乗り、10分で職場に移動します。

仕事が終わると帰り道にあるスーパーに立ち寄ります。食材はその週に食べきれるだけのものしか買いません。

もともと買い物が嫌いな私にとって、食品の買い物は週一度きり。その週は「二度と買い物をしないで済む」ように、かなり計画的な買い物をします。

頭の中で1週間の献立を考えながら、魚類は腐りやすいので週のはじめのほうに、肉類は週の後半になるように、そして野菜は毎日食べられるように揃えます。最初のころは少量ずつ、野菜の種類を多くとりたかったので「袋入りのカット野菜」を買っていましたが、割高になるので慣れてくると素材買い（緑黄色野菜、きのこ、淡色野菜など）をし、1週間に分けてお味噌汁やオリーブオイルを使ったグリル野菜に使います。

だいたい1週間分（4・5日分、金曜日は家に帰るので）で5000円ぐらいになります。

独り身にはやや贅沢かもしれませんが、それで朝、昼、夕飯を賄うので一日の食費は約1000円。必ず食後に果物を食べます。

果物を買うと高くつきますが、お菓子類は買いませんので、何か甘いものがほしいときは果物をデザートやおやつにします。食べ物でストレスを溜めたくないので、好きな果物は欠かしません。

ご飯は毎日1合炊きます。夜に半分食べ、翌日はおにぎりにして残りのご飯を職場に持っていきます。おにぎりを持参するのは、節約もありますが、職場に〝ラン友〟ができたおかげで職場帰りではなくお昼にランニングするようになったためです。昼休み時間が短いので食べる時間を節約、おにぎりとインスタントのお味噌汁をランチにしています。

冷蔵庫はわずか46ℓの小さなものですが、1週間分の食材ならちょうど入ります。できあいのお惣菜は買いません。長年主婦をやっているので自分の味があり、お店で作ったものは好きではないのです。

週末には冷蔵庫はほぼスッカラカンになります。この、1週間使い切り、というスタイルは自分一人だからこそコントロールできることです。冷蔵庫に自分以外の人が買ってきたモノや作ったものが入らない、というのは、自分の空間を守りたい私にとって1つの快感です。週末、本当に冷蔵庫がほぼ空になり、いつも庫内がキレイなのも一人暮らしが好きな理由です。

調理も複雑なものは作りません。大体魚と野菜、そしてご飯に黒ごまとキムチをのせて食べます。一汁二菜ぐらい、そしてデザートには果物、が基本です。

あとで調理家電については書きますが、加熱するおかずはシャープの「ヘルシオグリエ」とアパート作り付けのＩＨコンロの2つを使い、同時進行で作ります。火（ガスコンロ）を使う調理のようにそばについている必要はなく、タイマーをセットしたらそのまま放置できる点が調理家電のよさです。

その間に洗濯をしたり、あるいは洗濯がないときには本を読んだり、ブログを書いたりしながら調理家電のタイマーが切れるまで待ちます。

食事をしたら、そのあとは自由時間。ざっと食器を洗って、ブログの続きを書いたり、英語の学習をしたりして過ごします。

また、月曜日はその週の目標を決める時間でもあるので、一人作戦会議をして週の予定を考えます。

▼火曜日〜金曜日

火曜日〜金曜日はアパートから出勤します。朝、たっぷり時間（それまでの通勤時間がそのまま自分時間になる）があるので、まず朝5時半、友人とZoomを使って瞑想をします（冬が来て、あまりに寒く、実際は半年ほどで挫折してしまいましたが）。

その後、前の夜に書ききれなかったブログを書き、勝間塾のサポートメールへの投稿をし（最近、サボり気味です）、英語の学習をするなど、とにかく朝の時間を自分の好きなこと、やりたいことに使えるようになりました。

勤務後は、先に書いたように夕方走っていたランニングを昼休みにするようになったのでさらに早く帰宅でき、時間の有効活用を図れるようになりました。

やめ主婦となって職場近くに引っ越すまでは、職場帰りに皇居あるいは自宅近くの運動公園でランニングの練習をして帰宅、ということも多かったのですが、通勤時間が長いとこのような生活は結構しんどかったです。

　また、ときには気分転換にファミレスに立ち寄って勉強したり、あるいは洋服を買いに行ったりすることもあります。家族と一緒に住んでいるときには一刻も早く帰宅してご飯を作らなければ、あるいは、娘がご飯を作って待ってくれているので早く帰らなきゃ、というプレッシャーがありましたが、それが一切なくなりました。

　もちろん、家族とケンカして家を出たわけではないので、週末に限らず家族とのご飯は嬉しい、楽しい時間です。でも、少なくとも平日は「急いで帰る」という焦りがないことで、私は随分楽になりました。

　唯一困るのは職場が郊外にあるため、大抵都心で行なわれる勉強会やセミナーに出かけると、帰宅が遅くなり、睡眠不足になるということです。

4

遠距離介護をしている母への電話

親が年をとると、ケアしなければならないことは増えてきます。離れていると心配が募ります。それでも普段は電話で話すことくらいしかできません。

大阪に一人で暮らしている母とは、週に何度か電話で様子を聞くようにしていました。80歳を過ぎた頃から、母はだんだん弱ってきており、夜7時には寝てしまうことが多くなりました。遠距離通勤をしていた頃は、私が帰宅するころには母はたいてい寝てしまっていました。

朝、職場についてから始業までの間に電話をしていた頃もあります。しかし、耳が遠い母とは大きな声で話をしなければならず、聞かれたくないような会話もまわりに丸聞こえ。恥ずかしいのでやめてしまいました。

なんとか時間を見つけて電話しても、電話の内容は、ほとんどが母の愚痴です。聞いている私にとっては苦痛でしたが、母にとっては唯一の娯楽。とにかくひたすら私の電話を待っている母を無視するわけにもいかず、電話をかけなければならないのに、かけられない、そんなジレンマに苦しめられていました。

この問題もアパートを借りてからは解決、早いと6時ごろにはアパートに帰れるので前よりも頻繁に連絡できるようになりました。

コラム

遠距離で耳が遠い高齢母とのコミュニケーション（ＩＴを活用する）

母との連絡には電話とスカイプを使っていました。耳が遠いため、視覚の助けを借りてコミュニケーションをとっていたのです。

80歳を超えた母はもちろん、コンピュータを使えません。そこで、かつてはロジクールというメーカーが開発した、スカイプをテレビ画像で見る、というウェブカメラシステムを使っていました。

しかし、２０１６年、スカイプは突然そのウェブカメラシステムの利用ができないような仕様変更をしました。数万円もしたウェブカメラは一切使用できなくなり、耳の遠い母との連絡手段は電話しかなくなりました。話がなかなか通じないため、会話は困難を極めました。

助けてくれたのがＳＥをしている高校の同級生です。彼は中古パソコンを買ってきてくれてスカイプを自動着信に設定。次に、ウェブカメラをパソコンにつなぎ、テレビ画面の上にそのカメラを設置。テレビ画面を見ている母の姿をカメラがとらえます。母の画像はウェブカメラからコンピュータに送られます。一方、私はスマホでスカイプに接続します。私の画像はＨＤＭＩケーブルを使って母のパソコンからテレビに送られます。

母はテレビの「入力切替」を「ＨＤＭＩに変換する（入力切り替えボタンを3回押す）」という操作だけで、私とテレビ通話ができます。音声はテレビの音量調節で大きくできます。耳の遠い母のボリュームは、60から100ぐらい（普通の人は20ぐらいで聞こえます）。鉄筋コンクリートのビルに1人で住んでいるため、近隣から苦情は出ませんでしたが、もし普通のアパートならば苦情の嵐になっていたでしょう。

じつは、このシステムだと、自動着信なので母に気づかれずに私がスカイプを立ち上げればある程度（ウェブカメラでとらえられる範囲）家の中は見えるようになっています。

たいていの場合、まずは母の家に電話をし、テレビをつけてもらってスカイプを始めるようにしていました。

ある夜、何度電話をしても母が電話に出ないことがありました。スカイプをつけてみると、なんと母が自分のそばに置いた電気ストーブをつけっぱなしで座ったまま眠っているではありませんか。寝ているので電話が聞こえないようなのです。まだ夜の7時すぎ。母は私の電話を待っているうちにうたた寝してしまったのでしょう。

電気ストーブは母のすぐそばにあります。危ないので見守りを依頼しているセコム警備会社に電話、事情を話して家にかけつけてもらいました。


このようなこともありましたが、とにかく「やめ主婦」になってからはアパートに帰るとできるだけ早いうちに電話をかけるようにしました。

そんな母とのコミュニケーションでしたが、2019年の夏、急激に認知症の症状が悪化、母は一人暮らしが困難になり、施設に入ってしまいました。

時に面倒ではあったものの母との電話が急に途切れてしまったことは、気が楽になった反面、寂しさを感じます。

5

突然のトラブル！　ガス・電気が止まった！

家族と住む家を離れ、職場近くにアパートを借りてから、私の時間の過ごし方は、これまでとはまったく変わりました。通勤で疲弊するばかりだった時間が生産的なことを実行する時間に様変わりしたのです。

いや、本当に時間は宝だなあ……。職場近くでの一人暮らしの決断は間違いではなかった！と感じています。

一人暮らしは、順風満帆なスタートをきったように見えるかもしれませんが、**もちろんトラブルもたくさんありました。**いままで夫に守られてきた「奥さん」だった私ですが、「世帯主」にもなると、アパートにまつわる問題は自分1人で解決しなければなりません。

私が住んでいたアパートのガスはプロパンでした。調理はＩＨなので、ガスはお風呂と食器洗いに使うぐらいです。

ある夜、食器を洗っている時のことです。お湯がだんだんぬるくなってきて、ついには水に。あわててお風呂場に行き、お風呂のお湯を出してみたのですが、案の定、水のまま。まずは管理会社に電話をしました。さすがにガス会社の係員は緊急でないかぎり営業時間外には来てくれません。翌日給湯器をチェックしてくれる、との返事。管理会社がしっかりしているアパートだと基本24時間対応なのでとても安心です。

一晩たち、翌日、出がけにアパートの一階に設置されている郵便ポストを開けてみると、小さな紙切れが入っていました。

「（2018年）1月分のお支払いがなかったので、ガスを止めました」

え？

確かに週末は家に戻るので、毎日は郵便ポストを確認しませんが、支払いはきちんとしています。自動引き落としにしなかったのは、当初の居住予定が2年という短期間だったので手続きが面倒だったからです。

問題は、1月分のガスの請求書を見た覚えがなかった、ということです。基本、ポストはマメにチェックします。ガス料金収納会社は請求書を本当にポストに入れたのでしょうか？

ともあれ、ガスが出ないとお風呂に入れないのでガス料金収納会社に連絡、すぐにお金を振込み、今後は「請求書が来た、とか、来なかった」ということがないように、言われるままに「クレジットカード払い」にしました。

請求書はいったいどこに消えたのかなあ？　じつは自動引き落としへの陰謀的誘導？という疑いも生じないわけではなかったですが……。

まあ、月々の手間はその後省けたのでかえってよかったです。

ちなみに、後で書きますが、その翌年、私はある事件のためにその部屋を退去して別の基地に引っ越します。退去にあたり、ガスの業者さんとはもう一悶着ありました。

プロパンガスを導入するときは、保証金というのをお支払いします。2017年入居のときに1万5000円お支払いし、領収書をもらいました。

アパートを退去するときには、収納係員が退去日に現地を訪問、ガスメーターを検針、最後の精算をしてくれるのですが、その時には原則、保証金は返ってこず、後日返金、という話でした。しかし、ガス代の精算が終わってから補償金の返還という面倒くさいことをしなくても、現地に人が来ているのだからさっさと相殺してもらおうと、保証金の領収書を用意しておきました。

アパートの退去日に現れた係員さんに「後から請求するのは面倒なので、今日、この場で相殺してください」と交渉すると、私が払ったはずの保証金、1万5000円の支払記録がない、というではありませんか。彼の持っている端末を見ると、確かに私の保証金の記録が「ない」とでているのです。

はは一ん、これは、プロパンガスの料金収納会社（係員の会社名が、私が用意しておいた保証金領収書の会社名と変わっていた）が途中で替わり、きちんと記録が引き継がれていないのだな、と気づきました。

領収書を持っていなければ、その1万5000円は戻ってこなかった可能性がとても高いのです。実際、その数カ月後、最後のガス料金が私の口座から引き落とされ、もう、とっくの昔に終わっていた「おつきあい」なのに、わざわざガス会社に抗議の電話をする羽目に陥りました。

よくある（？）賃貸住宅のトラブルかもしれませんが、長年、自宅暮らしで「のほほん」としてきた私。「世帯主」になったらなんでも自分で対処しないといけないのだ、と今更ながら「1人の気楽さとそれを維持する営みはコインの裏表だなあ」と感じました。

◆……暖房も止まったよ！

季節は過ぎ、アパートに入って初めての冬のことです。アパートには備え付けの空調が一台ついていました。たった19平方メートルのお部屋なので一台で十分快適に過ごしていましたが……。ある日、なんだかずっと寒いなーと思っていたら空調機がまったく働いていませんでした！

今回もまた、管理会社に電話をしたらすぐに新しいものに付け替えてくれ、費用もかからず助かりました。

賃貸だと管理会社に電話一本でいつでも連絡ができ、すぐに対応してくれるので、一軒家にはない居心地の良さもあるなあ、といろいろ違いを経験できて勉強になりました。

住む場所を変えるのは歳をとるにつれストレスになると思いますが、適応力があるうちにいろんなことをどんどん経験しておくことは、ストレス耐性を養うにはいいかもしれない、と感じる出来事でした。

◆……家賃の2重請求？？

どこに住んでいても、トラブルはあるものです。

私が最初に借りたアパートは、途中で管理会社が変更になりました。そのため、あらたに保証人をつけたり（最初の管理会社では保証人不要の物件だったのです）、家賃が振込でなく自動引き落としになったり、といろいろ変化がありました。

最初の管理会社の時は、翌月分を毎月25日までに振込みとなっていました。それなりに面倒で、「滞納」も発生しやすいかも、と思っていたので、自動引き落としになったことには抵抗はなかったのですが、毎月銀行手数料が賃借人負担、というのはちょっと納得がいきませんでした。

ところで、管理会社交代の混乱で、家賃の督促状が届いてビックリしたことがあります。通帳を確認したり、新旧管理会社に電話したり、「私のお金はどこに行ったの？」状態になりましたが、どうやら元の管理会社のほうでの社内情報共有がなされていなかったことが原因でした。おとなしく家にいたら経験しなかったようなトラブルも増えたとは思いますが、ひとつひとつ解決していくことでこれまで甘やかされていた世界から「世の中」に出たような気がしました。これって就職した子どもが初めて実家を出て生活を始めるのと同じ感じですね。この年になってそんな気持ちを経験するとは……。

6 ＡＫＢ48で基地変更へ

小さなトラブルはあったものの、一人の部屋ができて、すっかりご満悦になった私ですが、隣の部屋とのトラブル?は、私の「音」が原因でした。

それは、「最近、職場のみんな元気ないなあ、忘年会では余興の一つでもやって盛り上げよう」と考えたのがきっかけだったのかもしれません。

ちょっと古いけど楽しい曲、ＡＫＢ48の「恋するフォーチュンクッキー」でもやるか、と秋も深まる11月ごろ、私はYouTubeで踊りの練習を始めたのです。

アパートの壁が意外と薄い、ということに気づかなかった私は、毎晩のようにYouTubeに合わせて踊っていました。もちろんそれほど大きな音ではなかったと思いますし、少なくとも大人が起きている時間でした。

とはいえ、壁は薄い……。そして、この音漏れの件は、のちに「大事件」を招いてしまったのです。

◆……壁ドンは神様の雷？　隣室の怒鳴り声

一人暮らしを始めてやっと自分時間ができ、将来の目標も「TOEICコーチになる！」と決め、英語の勉強にも励み、また、家族ともほどほどのいい距離感で過ごしていたのですが、そんな暮らしの中、ときどき怖いことが起こり始めました。

隣室の男性が、私が物音を立てると壁を「ドンドンドン！」とたたき始めるようになったのです。しかもかなり激しく。

そして、日が経つにつれ、その頻度と強度がだんだん増してきました。

確かにAKB48を夜な夜な踊っていた忘年会シーズンもあったし（それほどいつも踊っているわけではありません^^;）、また、夜の7時前ですが、耳の遠い母と話すために電話で大きな声で喋っていたこともありました。

そもそものアパートに入ってから隣人たちとは一度も顔を合わせたことはなく、まさに都会のワンルーム、そこは「隣は何をする人ぞ」、の世界だったのです。

壁ドンの頻度が高まるにつれ、私は恐怖に囚われるようになりました。帰宅時には隣室の窓に明かりがついていないか、わざわざアパートの外周りからチェックするようになりました。また、隣室のドアの前で在室かどうかを示す電気メーターが回っていないかじっと見つめたり、それこそ隣室から物音がしないかと耳をすませたり。こうなると、私のほうが〝ストーカー〟です。

次第に私は、

●掃除機をかけるのも、
●英語の音読をするのも、
●つい夜更かししてお風呂に入るのが遅くなったときに髪にドライヤーをかけるのも、
●朝、健康のために続けている「にんじんりんごジュース」を作る（ジューサーを使いますので、結構音がします）ときも、

隣室に気を使い、壁ドンがこないか、とびくびくするようになりました。

でも、ここは私の基地。「未来の私を作るための孵卵器《ふらんき》」で、私はこれから英語を極め、それを自分の武器にしたいと思っています。英語力を向上させるためには、音読もリスニングも欠かせません。

リスニングはイヤホンで聴けばいいけれど、音読が十分できる環境ではないと今住んで

いる部屋にいる意味はありません。

トロイの遺跡を発見したことでも有名なシュリーマンは、語学の達人としても知られていますが、彼はなんと18カ国語を操れたそうです。そして、彼が最も重視したのは音読。そう、音読のない英語学習は考えられません（ちなみに、彼もアパートでは隣人からはその音読の声がうるさい！と厄介者扱いされていたとか）。

困ったなあーと思いながらしばらく過ごしていましたが、ついに私の我慢の「ダムが決壊」する日がきてしまいました。

7 アパート退去を決意！

2018年12月27日の朝6時半ごろのことです。

私が朝の身支度をしているだけで壁ドンがきたのです。他に音を出していたわけではありません。身支度（服を着替えるだけ）の音は、もうこれ以上静かにはできません。

その瞬間、アパートを引き払うことを決意しました。

そのとき、私は1月から新しい英語スクールに通う準備をしていました。そして、そこでは半端ない勉強が待っていることもわかっていました。「しっかり勉強しなきゃ」と決意を固めていた頃です。

アパートを解約して自宅に戻るという選択はしませんでした。「多少家賃が高くてもコンクリート作りのほうがいい」とマンションを検討し始めたのです。

「やめ主婦」をいつまで続けるかはまだ決めていませんでしたが、とにかく、これ以上、そのアパートにいられないことは明白でした。

年末のうちに管理会社に相談し、顔も知らない人から壁ドンをされるのはとても怖いということを訴えました。管理会社の回答は、誰が、と特定せず、広く一般的に「音には注意してください」といったチラシを入れることしかできない、とのことでした。

私も、こうなったらもうどうしようもないことはわかっていたので、年始を待ち退去の連絡をしました。そして新しいアパートを探し始めたのです。

年明け初日、職場の友人に相談すると、自分の住んでいる賃貸（団地）にいくつか空いている部屋があるよ、と教えてくれました。早速管理会社に電話してみると、

「空き部屋はありますが、今空いている部屋は、前にその部屋で亡くなった方がいて……」

とのこと。え、事故物件？

でも、すぐに考え直しました。人間、いつかはどこかで死ぬのです。アパートだろうが、病院だろうが、とにかくどこかで死にます。もし、何か出てくるようならお線香をあげて供養しよう、今はとにかく死んだ人より生きている人のほうが怖い。選んでいる場合ではありません。

まずはお部屋を見せてください、とお願いし、一方、アパートの管理会社にも、たとえ賃料が多少高くなっても、どこかいいところを探してください、と依頼しておきました。

私にしたら、「これからの人生」を決める大切な空間なのです。多少の犠牲は覚悟の上でした。

ところが、なんという幸運でしょう！　内覧に行った部屋は、じつは事故物件ではなく、建物そのものが老朽化して数年以内に建て替え予定の物件の一室でした。でも、建て替え時期はまだ決まっておらず、実際に普通に人々が住んでいます。

建物そのものは古くても、お部屋は綺麗にリノベーション（壁の塗り替えと畳の表替え）されていて、ひと目で気に入りました。そして、私にとってさらに都合のいいことに定期借家契約なので賃料も抑え目。

今までの部屋の倍以上の広さがあり、余裕があります。団地の中なので小さなスーパーもコンビニも敷地内にあります。そして公園まで。さらに、今まで以上に職場に近く、通勤時間はドアツードアで歩いて10分に短縮されました。

もう、願ったり叶ったりで、すぐにそこに決めました。転居と引っ越しを2週間で済ま

せ、1月19日にはもう新居に移っていました。時系列でいうと、

●1月4日、金曜日、仕事始めの日に内覧
●土日を挟んで1月7日月曜日、引っ越し業者さんの見積もり、契約に必要な書類を揃える
●1月8日、賃貸契約締結
●1月9日には新居に足りない「エアコン」を購入、据え付け手配（こちらは自己手配でした。10万円超えは痛かった！）
●1月10日から11日にかけての週末にはランニングとTOEICの試験を受験、大阪の実家に介護にでかけ、母の確定申告のための伝票まとめ
●大阪から、アパートにもどってきた16日、17日には引越しに向けて片付け
●1月18日には夜の英語スクールの初受講日
●1月19日、引越し

隣室の男性はそんなことになっているとはもちろん知りません。さらに追い打ちをかけるように、引越しの朝も7時すぎだったにもかかわらず、荷物をまとめている私が立てた

小さな音に「壁ドン」！

多分、一旦気になり始めたら何をしても気になる、そんな心境になっていたのではないでしょうか。気の毒なことをしました。壁の薄さに気づかず、どんな風に聞こえていたかはわかりませんが、私は彼の気に触る音を立てる隣人だったのです。

「はいはい、もう出て行きますからね」と心でつぶやき、荷造りを完了しました。

初めての私の基地を離れるのは少し寂しくはありましたが、未練はありません。

私には「やりたいことのためにやらねばならないこと」があるのです。

8 なんて快適な新しい部屋

部屋数が増えたので新たなカーテン、シーリングランプを購入。そして、DIYで作ったスタンディングデスクがつらくなってきたのでスツールを追加しました。

じつは職場でもスタンディングデスクを採用しているのですが、私はブログを書き始めると集中していつまでも立ったまま作業を続けてしまいます。数時間、立ちっぱなしということもあり、さすがに足に血が下がる気がしてつらくなってきました。スツールを用意して少しでも腰掛けられると、足への負担がかなり楽になりました。

新しい部屋は、ガスコンロを使う仕様でした。しかし、これまで使ってきた鍋もグリルパンもIH用だし、調理家電にはだいぶ慣れたのでIHヒーターを1台購入しました。とにかく、ほったらかしで調理できるのが電気調理器具のよさなので、一人暮らしの間はもうガス調理には戻れません。

引っ越しを決意してから20日弱で新生活に必要なものがすべて整いました。

新たな部屋は 水道栓をひねる音など、周りの生活音は聞こえますが、全体的に静かで、一人には贅沢なぐらいの広さです。まるで、部屋が私を待っていたかのようでした。

壁ドンはとても怖かったのですが、今にして思えばいいタイミングでさらに勉強に力をいれられる場を与えられた、と感じています。

あのまま我慢して息を潜めて静かに暮らしているより、よほどよかった。

顔も知らない隣人は、壁ドンで私の背中を押した「神様」だったのですね。落ち着いた今では、そんなふうに思えるようになりました。


今の部屋は余裕があり、6畳分のリビングダイニング、6畳の和室のほかに、何も置いていない4畳半の和室があります。普段はバランスボールが転がっているだけの部屋です。疲れたらその4畳半の和室に行き、ボールの上でゴロゴロと転がってリラックス……、この余裕が手に入ることで自分の生活がすごく豊かになった気がします。

9

残された家族の暮らし

さて、（残された？）家族はどうなったか、というと……。夫はさらにマイペースでバリバリ仕事に取り組むようになりました。それなりに私に気を遣っていたのが、彼もまた平日まったく自由な時間ができたわけです。

また、朝、私の出勤に合わせて「同伴出勤」する必要がなくなったので、少しは自分のペースで睡眠をとることができるようになっているようです（もともと、マイペースの人ですが）。

子どもたちは、一緒に住んでいた頃から生活時間も部屋も違うので、あまり影響もなく、食事にも不自由していないようでした。

2人とも大学卒業後、一度は家を出て一人暮らしを経験しているので料理、家事などに不自由はありません。お弁当を交代で作るなど、女子2人で仲良くやりくりしているようです。
たまに予定を変えて、あるいは忘れ物をして突然家に帰ったりすると、「突然帰って来ないで」という顔をして、ぷい、と自分の部屋に行ってしまうことも。風呂時間など、予定が狂うようです。まあ、ここは前向きに「私がいなくてもまったく不自由がない証拠」、と考えましょう。

子どもとの関係も少し距離を置くほうがいい、と思っていたところだったので私が家を出てお互いに離れた時間をとるのは良かったのかもしれません。

そして、私がやめ主婦になってほぼ1年後、次女が突然結婚することとなりました。週末に帰宅した私に「結婚することに決めたから」という報告でした。

一緒に暮らす夫や妹はすでに知っていたようです。仕事一辺倒の夫、と私の目からは見えていましたが、夫と次女は特に仲がよく、通じ合うところが多いみたいで、次女にとっては私よりも率直に話ができる相手らしいです。北風の母と太陽の父、といったところでしょうか。

私が家を出たことが関係していたかどうかはわかりませんが、**私の不在は家の中の空気を変えた**、と思っています。

数年前に、友人で算命学鑑定をしているＭＡＳＡＹＯさんに鑑定していただいたことがあります。親子関係の難しさにも悩んでいて、自分を知り、家族を知ることでよりよい関係を保ちたいと思って相談したのです。彼女は、「成人したお子さんがいつまでもご自宅にいるのは賛成できませんね」とおっしゃっていました。

算命学の鑑定からすると、「きよみさんは太陽で、お子様お二人は月。太陽がいると月は輝けないのですよ」とおっしゃっていました。彼女が意図したのは「だから娘さんたちは早く自立したほうがいい」ということでしたが、結局先に家を出たのは私でした。

それでも、私が家を出たことで、滞っていた「気」に変化が生じ、彼女の人生が急展開を始めた……、そんな気がしてならないのです。

算命学のＭＡＳＡＹＯさんに鑑定を受けたときの記事があります。

https://ameblo.jp/antoine75/entry-12381742054.html

結局、**「家」にも新陳代謝や変化が必要**だと感じています。

結婚の報告を受け、次女の披露宴に向けてサプライズのお祝いとして、私はアパートで次女の動画作りに励みました。

アルバムから次女の写真を取り出してきてはデジタル化し、赤ん坊の頃から最近の写真までムービーに取り込み、音楽をつけて……。何十時間かかったでしょうか。披露宴の当日まで内緒にしておき、サプライズ・プレゼントにしました。こんな作業もひとりの部屋と時間があるからこそできたことで、動画作成は子どもの成長をふりかえる懐かしいひと時となりました。

少し難しかった次女との関係でしたが、幸せそうな姿を見て、感慨も一入《ひとしお》でした。また、丹精込めた動画を気に入ってくれたようで、のちに動画データもリクエストされました。

10

一人暮らしは夢を叶えるための最高の方法

朝の静寂な時間の確保、マラソンの練習時間の確保、遠距離介護電話時間の確保など、職住接近にした効果は想像以上、心の余裕がまったく違ってきました。

それまでの私は通勤で疲弊し、家事で疲弊し、さらには思うようにマラソンの練習時間が取れない自分を責める気持ちで自分を追い込んでいました。

思い切った行動に出てしまったけれど、自分の時間を確保できたことは本当に良かった、と思っています。

しかし、ただ単に自分を甘やかすために一人暮らしを始めたわけではありません。

時間ができたことで現状を改善した結果、次にやらなければならないことを考える余裕ができました。それは、その時間を将来の飛躍に繋げることでした。

それまで漠然としていた目標がだんだんはっきりしてきたのです。

「英語で人生を変える人を増やす」

私は、ブログの立ち上げを、同じ勝間塾生で、立花岳志さんのブログ合宿で直接知り合った、「ブログ・スタートアップ」を支援するサービスをされている**大東信仁**さん（ニックネームがものくろさん）にサポートしていただきました。

ものくろさんのホームページではいろいろな講座が用意されています。多彩で多才な仲間に会える楽しい講座がいっぱいです。

▼ものくろキャンプ

https://study314.jp/

立ち上げ後もブログのブラッシュアップのために定期的にカウンセリングを受けています。ものくろさんのカウンセリングは、単なる技術的な体裁を整えることにとどまらず、クライアントがブログを通じて「何がしたいか、何を伝えたいか」という、根本的な希求を掘り起こすものなのです。

2018年4月に受けたカウンセリングは、その意味でかなり衝撃的でした。ブログの外観のブラッシュアップやセキュリティ対策などのテクニックはもとより、それ以上に自分の得意や希望を2人で深掘りし、じつはそれまでまったく考えてもいなかった**「これから自分が本当にやりたいこと」が明らかになってきた**のです。

自分にとって英語ができることは、「当たり前」と感じていました。できたところでたいしたことない、できる人はもっとたくさんいる、とも思い、何の役にも立たない、と信じていたのです。なので、ものくろさんに「普通の人はなかなかTOEICで満点取れないんですよ」と指摘されても、「へ？」という気持ちでした。

あらためてものくろさんに言われ、英語、特に満点を取ったTOEIC受験の技術を人に教える、それを今後の道として探っていくべきではないか、という考えが次第に私の中で浮かび上がってきました。ただ、たとえ教員免許を持っていてもそれを使ったのは三カ月の臨時教員をした時だけ。人に教える、というのはかなり「野心的な試み」です。

しかし、挑戦しがいはありそうです。確かに、楽天などの大きな企業が社内公用語を英語にしたり、他の企業でも昇進条件にTOEICの点数アップを掲げるなど、一般会社員にとって、英語能力を示すことは重大事となってきています。

ITの発達により、将来は翻訳機や通訳機が活躍し、やがて語学学習の必要性がなくなる日がくるかもしれませんが、今はまだそこまではたどり着いていません。英語ができることが昇進につながるなど、その人の「目標達成の役に立つ」ならば、それはやってみる価値があるのではないか、と思いました。

自己啓発、セミナーや勉強会、ブログ、簿記やファイナンシャルプランナーや税理士試験勉強、さまざまな「投資」を続けてきた中で一番結果がでたのが英語でした。


自分の得意を活かすことが世の中に貢献できる一番の方法、と言われています。なので、いろいろ身につけようとしたスキルの中で一番できそうなものを極めることにしたのです。

1人になって得た時間で、私はやっとこの道を見つけることができました。

2章❖キーワードは「少なく、シンプル」

「これがいいい！」を大事にする空間のデザイン

1 空間デザインで最初に考えたこと

さて、一人暮らしの楽しいところは、まず「**時間のデザイン**」、そして次には「**自分の空間デザイン**」をできることだと思います。この作業は本当にワクワクしました。そもそも、散らかった家が嫌でどこかに部屋を借りる、という発想から始まっていますから、自分1人の空間は思いっきり好きなようにデザインしようと決めていました。

アパートを借りることを報告したときに三女が言った言葉、それは、「ママはコンピュータと布団さえあればいいんだよね」、その通りでした。

ただ、部屋の色彩については明確なコンセプトを持っていました。それは、白を基調にする、ということです。そして、その考えを後押ししたのは、たとえばイケアのホームページにあった以下のような記事でした。

小さなアパートでひとり暮らしの新生活　03-9-2016

ローマのにぎやかな通りを遥か下に見下ろすElisabettaのアパートは、落ち着いた白とグレーで統一され、美しく整理整頓された、穏やかでやすらげる隠れ家です。自分の時間をつくり、休息をとり、意識を集中し直すのにぴったりな場所。これは、彼女が人生を変えなければいけないと決意したときにまさに実践したことでした。「1年前、私はボーイフレンドと別れ、20キロ以上減量をして、自宅でサパークラブを運営するという自分の夢を追いかけ始めました」とElisabetta。彼女のアパートにおじゃましてみましょう……。

写真で見たこの方の部屋はテラスもあり、80㎡ある広い部屋なので、私の19㎡とは比べ物にならないのですが、彼女の部屋づくりについての考え方に共感し、私も白と（色はあっても）グレーで統一することに決めました。この方のようにボーイフレンドと別れたり、減量するなどのライフイベントはありませんでしたが（笑）。

また、白は膨張色なので、狭い部屋を広く見せることもできます。さらに、もともと「インテリア」や「室内装飾」には興味がなかったため、余計な飾り物や色を入れるなどのことは一切考えず、「思考の省略」のためにも白で統一するのは楽でした。

ただ、実際は、カーテンにしても、調理器具にしても花柄やチェックなどのデザインものが多く、白だけで統一する、というのは逆になかなか難しかったです。それに、お布団まで白にするとまるで「ご遺体」（笑）になってしまうので、バランス良く選ぶことにしました。

2　必要なものだけを集める

部屋を彩る「色」についてのコンセプトが決まるとその中で何を揃えるかは明確でした。自分が今、実現したいことがわかっていたからです。

揃えようと思ったものは次の品々でした。

●スタンディングデスク。天板の大きいもの——創作活動
●大きなモニターの iMac ——書く、語学、情報収集
●ヘルシオ（レンジ）——健康と時短料理のため
●こたつ——友人を迎える、リラックスする、冬は温まる、食事をする、友だちが集まれば麻雀をする

●姿見――おしゃれをする、美容、見かけに気を使う
●バランスボール――筋トレ、リラックス、部屋のアクセント

それぞれについて、どのように揃えていったかを書いていきます。

◆……スタンディングデスク作り

初挑戦となったDIYですが、立ち上げ費用をあまりかけたくなかったことと、「きちんと完成した家具」は後で処分するのが大変なので、できるだけ処分しやすい組み立て家具を買って自分で組み立てることにしました。大変ですが、一番安価で短期間の暮らしには適しています。

一番欲しかったのはスタンディングデスクですが、「身長にあった高さのものでないと使いづらい」という記事をインターネットで読み、自分の身長に合わせたものを作ることにしました。

最初に探したのは大きな天板です。広いデスクで仕事をすることが昔からの憧れでした。

イケア、ニトリ、そしてアマゾンのネットショッピング、あるいはカスタマイズした「板」を専門に販売する「材木屋」というネットショップ、東急ハンズの「板の寸法売り」

など、あらゆる場所で「理想的な板」を探しました。それこそ実店舗に行ったり、ネットショッピングで探したり。ここだけは時間をかけて「これだ！」というものに出会うまで粘りました。そして、ついにイケアで2メートル×60センチの大きな、白い一枚板を見つけたのです。まさに理想通りの「板」でした。奥行きを60センチとしたのは、パソコン作業がしやすく、また、狭い部屋を圧迫しないためです。

次に机の足となる部分ですが、本棚を買うつもりがなかったため、天板の下はすべて収納スペースになるよう、カラーボックスを使うことにしました。バリエーションがあるので、「これだ」と思う高さと寸法のものを見つけるまでネットショップで探し回りました。最終的にはアイリスオーヤマのカラーボックスに落ち着きました。高さ、奥行き、幅のどれもが使い勝手が良さそうだったからです。

スタンディングデスクの高さについては、次のホームページを参考にし、自分の身長（159センチ）にあわせた「92センチ」を目標にしました。

スタンディングデスクでの最適な机の高さの自動計算ページ

https://www.bauhutte.jp/bauhutte-life/standing-desk-height/

早く部屋の中を落ち着かせて新生活を始めたいと思いながらも、こうした「物作り」はなかなか楽しいプロセスでもありました。

▼スタンディングデスクの材料となった商品と作り方

●天板：白の１枚板（IKEA LINNMON）
テーブルトップ　ホワイト　サイズ200×60cm

●脚：アマゾンで購入したアイリスオーヤマのカラーボックス４つ。

・商品サイズ（約）：幅60×奥行29×高さ88cm
・重量：約12・4kg
・棚内寸（大）：幅28×奥行27・5×高さ41・5cm
・棚内寸（小）：幅28×奥行27・5×高さ27・5cm
・耐荷重：棚板1枚あたり約15kg、全体約80kg

作れるか不安もあったスタンディングデスクの材料

1つが12・4キロのものが4つ玄関に届いた時の光景。その先に待っている作業の大変さを考えると少し絶望しましたが、後には引けません。

◆……電動ドライバー

電動ドライバーは必須アイテム。今回の制作で、これほどありがたかったものはありません。これがあるだけで、作業は100倍楽になったと思います。電池を4つ入れるだけで、きわめて効率よく作業をこなしてくれました。

この電動ドライバーは、のちに冷蔵庫のドアの位置を変更（右開きドアを左開きドアにするためにヒンジを付け替えた）するときにも活用しました。

電動ドライバーは価格も安く、カラーボックスの組み立てのみならず、他のいわゆる「組み立て家具」のほとんどに使えます。これほど役に立つ道具はありません！

こちらの商品でした。今でも使っています。電池で動くので簡単！

●高儀 EARTH MAN 6V 乾電池式 ミニドライバー DDR-140CL

◆……金折：天板と下のカラーボックスを固定する金具

各パーツを留める金具を金折と言います。東急ハンズで店の人に相談しながら決めました。これらは６セットで８００円ぐらいでした。

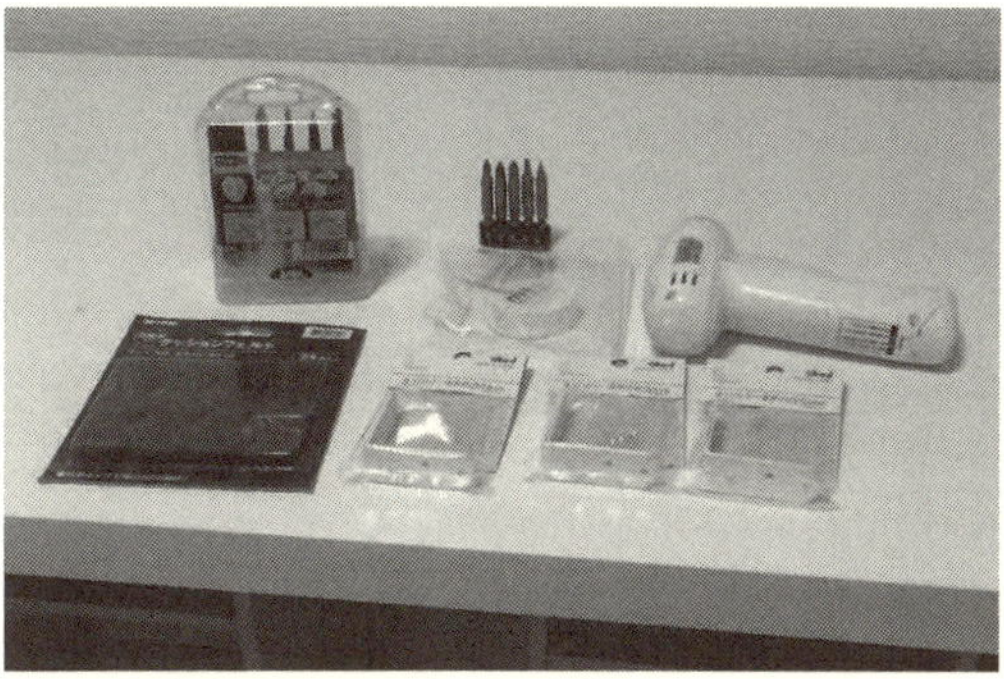

DIYには必須、ドライバーと電動ドライバー

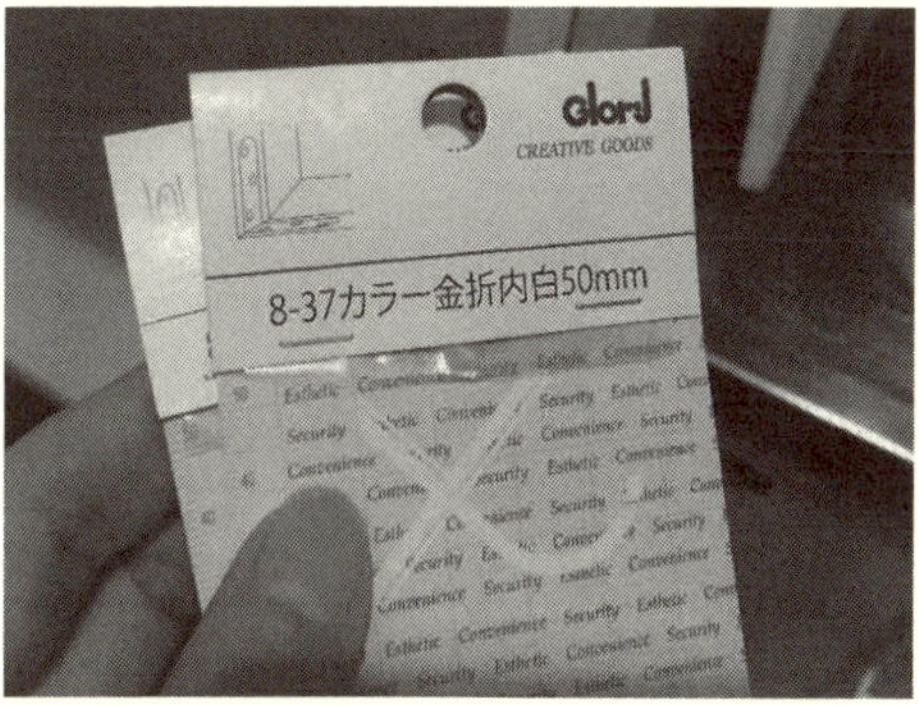

金折

お店の人に仮置き状態の写真を見せると、こちらのものを選んでくれました。

カラーボックスに天板をのせただけでは、ずれてきてしまいます。カラーボックスを組み立て、天板を仮置きした姿をスマホで写真に撮り、東急ハンズの係員さんに見せ、天板とカラーボックスをくっつけるのに最適な道具を選んでもらいました。

金折ひとつとってもさまざまな種類のものがあり、金折を止めるネジの種類も半端ない数でしたが、店員さんはさすがプロ！　揃えておいたほうがいいものを的確にアドバイスをしてくださいました。

多くのものをネットで買いましたが、こういったカスタマイズしなければならないものについてはやはり実店舗のプロの意見が参考になります。

3　とにかく組み立てる

材料が届いたら、とにかく愚直に作り方を見ながら組み立てます。

カラーボックスそれぞれが幅60センチ、奥行き29センチ。コの字に並べ、間に隙間（天板が200センチなので）ができるので、のちほどゴミ箱を置きました。

金折は、「6カ所留めれば十分でしょう」とのことでした。

ところで、東急ハンズで購入するときにカラーボックスの素材（メーカー）を聞かれました。あ

やっと4つ完成！　仮置きした状態、いざ固定へ

まり安い商品は、板そのものがスカスカだったりするのですが、「アイリスオーヤマ」です、というと、「それなら大丈夫でしょう」とのお返事でした。

板1枚の厚みは1センチ。ネジは、もちろんそれより短いものでないといけません。

メンディングテープで板とカラーボックスを繋げる場所を6カ所決め、貼り付けました。ドライバーを使って金折の穴にネジを刺し、軽く固定したら、あとは電動ドライバーで一気にねじこみます。

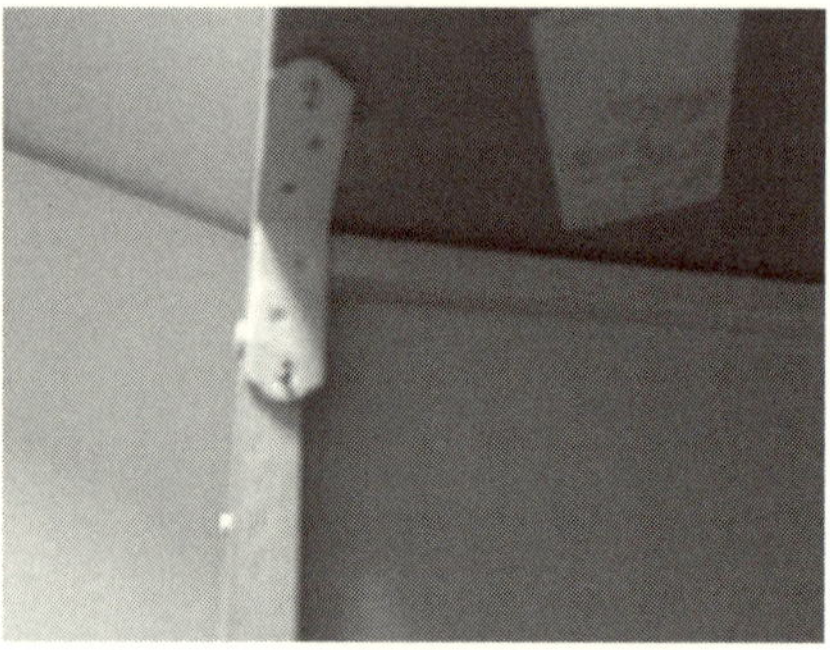
メンディングテープで貼り付けた状態

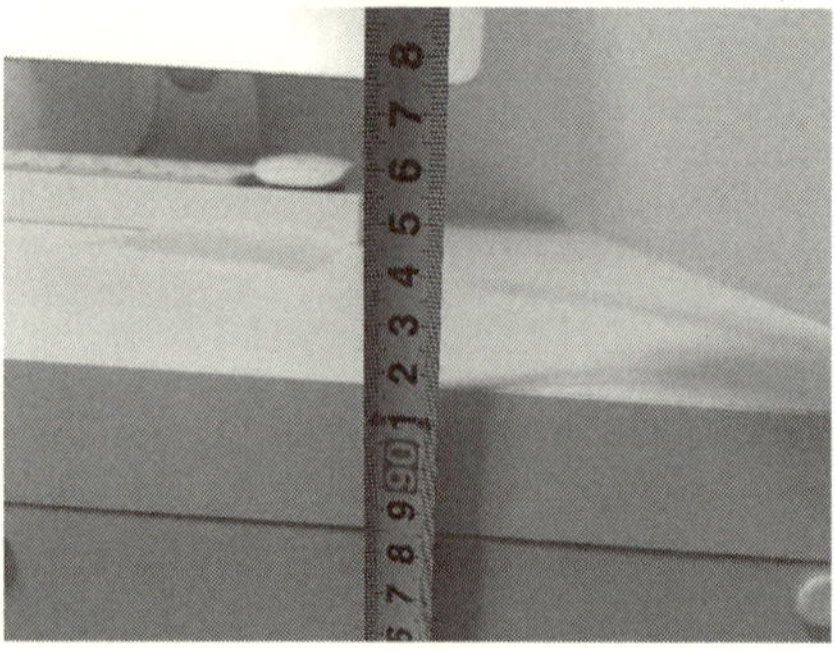
私のベストの高さ 92cm に合わせます

はじめは慣れなかった作業もだんだんスムーズに♪

やった〜！
念願のスタンディングデスクの完成です！
真っ白な理想のデスクにうっとり

4

暮らしを彩る家具

こちらはニトリで購入しました。やはり自分で組み立てます。年齢は還暦に近づいていましたが、やはりいつも凛として素敵でいたい、と考えるのは誰しも同じだと思います。たとえば、密かな野望「シニアモデルになりたい！」、なんてことも夢想（笑）していたため、自分のスタイルをしっかり見極めるために姿見は必要でした。

また、自分の家には置くスペースを確保できなかったため、アパートには何がなんでも置きたかったのです。実際、このような野望を持っていると、夢が叶い、翌年、バイク雑誌『レディスバイク』にとりあげていただき、雑誌デビューしました。じつは、その雑誌では私よりもバイクが主人公でしたが（笑）。

◆……姿見

また、女性は歳をとると「お尻」が4つになる、とよく言われます。お尻そのものと、太もものたるみです。そうならないよう、また、マラソンをするための筋肉が落ちないための「目視」がしたかったのです。

いくつになっても姿見は女性にとって大切な道具だと思います。

◆……フロアランプ

フロアランプもイケアで購入しました。カバーが和紙でできていて、光が温かく、かなり気に入っています。1年半で隣室の「壁ドン」事件のせいで引っ越しをせざるを得なくなってからは使わなくなってしまいましたが……。

◆……天井の吊りランプ

天窓があり、天井が高いのはいいのですが、そうすると天井にランプをつけることが著しく困難だということがわかりました。

天井の高さは3・7メートル。ランプをつけるにはかなり高い脚立が必要でした。たまたま部屋の不具合の点検にきた管理会社の方に頼んで、脚立をもってきてもらってつけました。

天吊りのランプもある意味憧れでしたが、人手を借りないと取りつけられないような作りはアパートとしては良くないなあ、と感じました。

たった19㎡の部屋ですが、家財を一つずつ揃えていき、ほぼ理想通りにできました。すべて揃えるまでひと月ぐらいかかったでしょうか。

◆……バランスボール

購入するショップは選びませんでしたが、ニトリで安く手に入ったので購入しました。スタンディングデスクで疲れたときにボールに乗ってごろごろするとリラックスします。もともとは筋トレのために手に入れたものですが、筋トレよりもくつろぐために使うことが多くなっています。

◆……台所の設計

第一の課題は、キッチンシンクの左側、玄関までの極小スペースに冷蔵庫といくつかの調理家電――ヘルシオ、湯沸しポット、炊飯器、スロージューサー、そしてゴミ箱を配置するラックを設置しなければならない、ということでした。

その幅は90センチ、奥行き50センチというスペースです。

間取り図でみると、右上の角のスペース。他に置ける場所はありません。

私の部屋の間取り
すべてのスペースのサイズを計測、記入しています。こうすることで、いつでもラクに家具の購入、買い替えができます

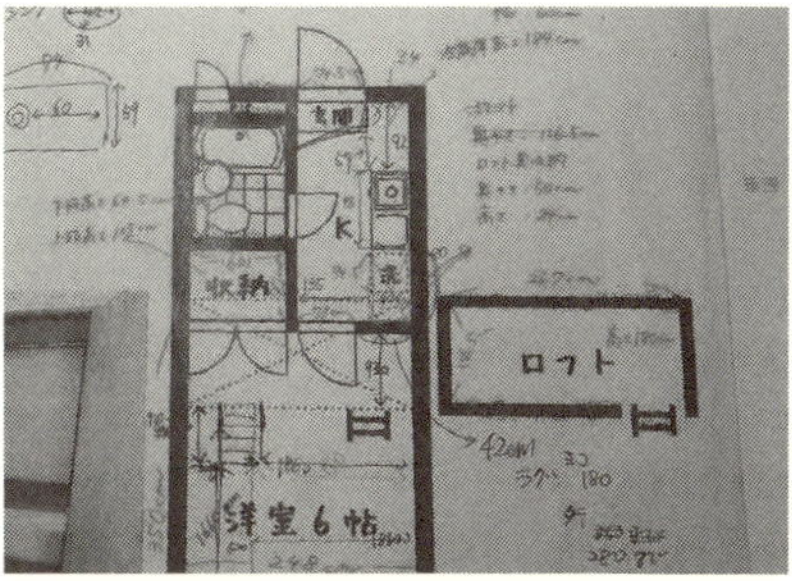

玄関横にあるキッチン脇のスペース
いかにコンパクトに収納するかがカギ

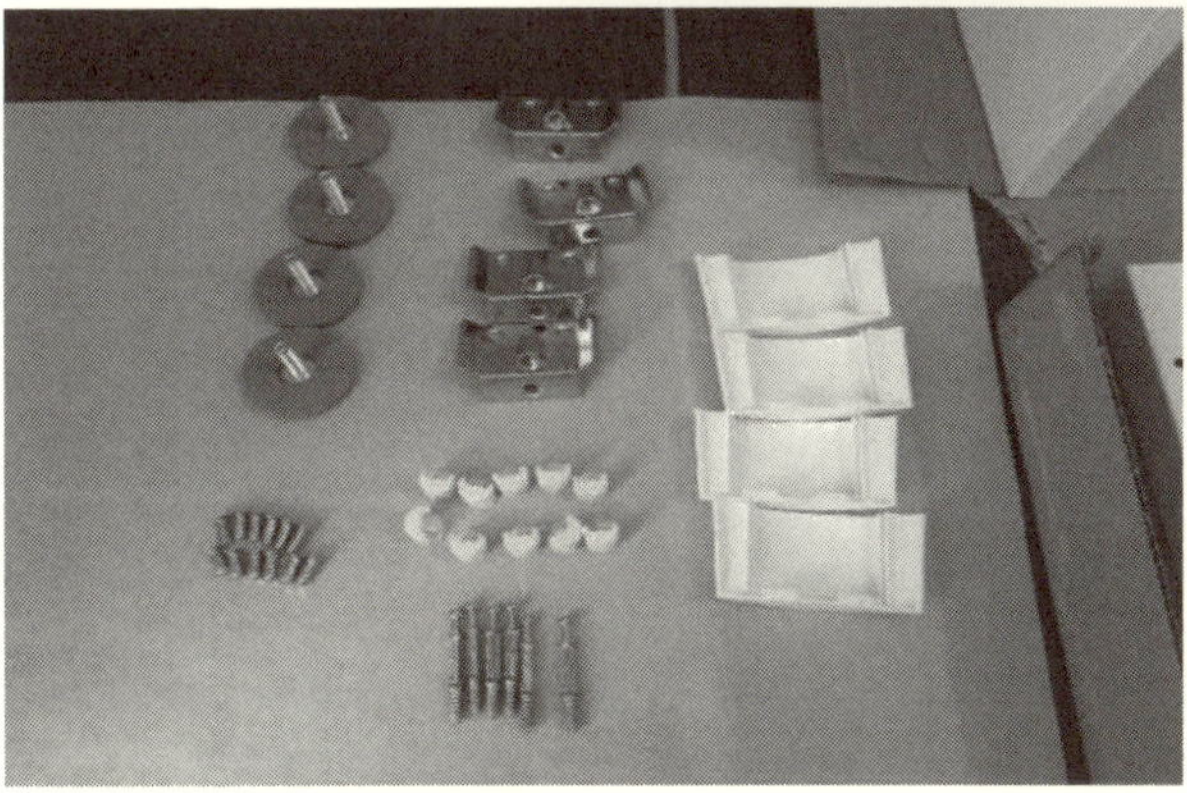

ベンチの部品（次ページ参照）

このスペースにおける「何か」をネットで探しました。そして見つけたのはイケアの「ベンチ」（台、ですね）です。

幅90センチ、奥行き50センチ、高さ50センチ、こちらをまず1台、購入しました。

箱を開け、マニュアルを見ながら、組み立てます。完成図はマニュアルの通りですが、空間認知能力が低い私には、平面から3次元への組み立てはなかなか難儀なことでした。

箱の中にはたくさんの部品が入っています（前ページ写真）。どこに何を置くのか、さっぱりわかりませんが、とにかくマニュアルを頼りに少しずつ組み立てました。

途中で、ネジを1本破損してしまったけど、あまり影響はなかったみたいです（笑）。

こうやってできたもの（10キロの重さ！）を玄関のスペースに置いてみました。まるであつらえたようにピッタリではありませんか！

そして、届いた冷蔵庫を置いてみました。

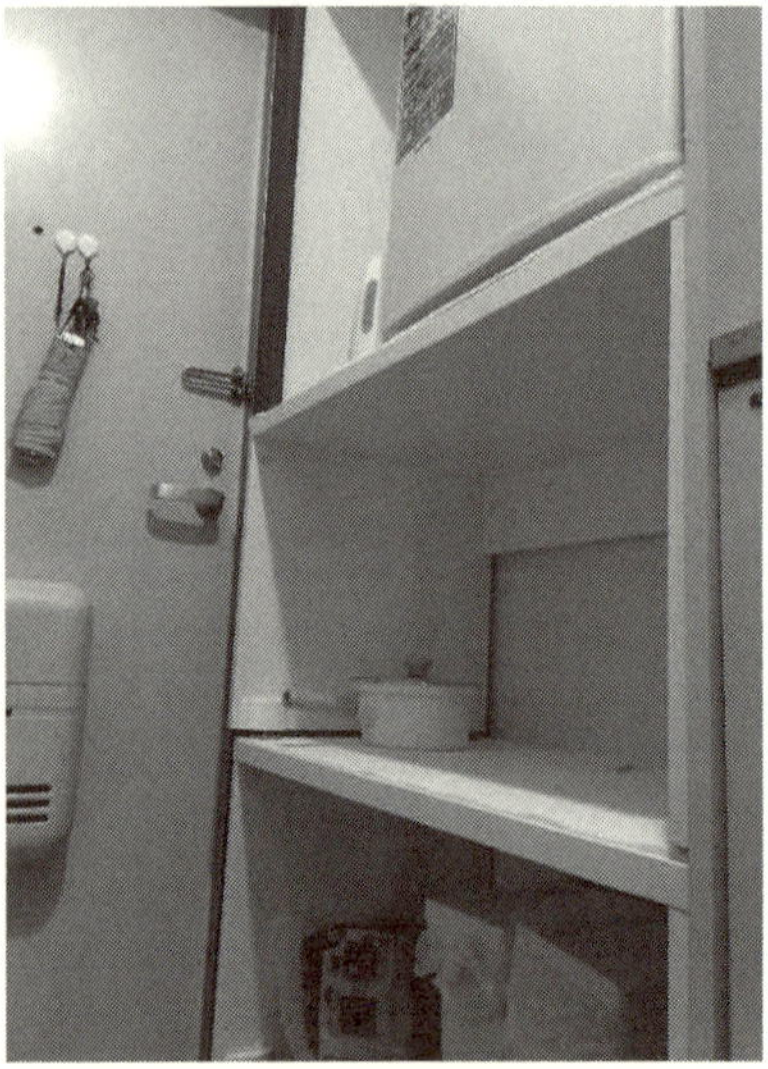

気持ちいいほどぴったりの棚

冷蔵庫ひとつでも10kgの重さがあります。ＤＩＹもいいけれど、それなりに力がいります。一人暮らしも簡単なことばかりではないなあと感じたものです。

冷蔵庫を置いてみたところ、さらに購入予定だったヘルシオを置く場所がないことに気づき、ベンチをもう一台追加購入し、再び組み立てに励みました。

ベンチを二段重ねにしてみると、なかなかいい感じです。冷蔵庫の下のスペースにレンジを置くことができました。

コンセントは２つ、アパートはそれほど新しくないため、あまりたくさんの調理家電を一度に加熱するとブレーカーが落ちるかもしれないと思い、加熱するときは一度に一つだけ使うようにしています。

もともと、ワンルームのこのお部屋は恐らく調理するような人を対象に作っていない、と思いますが、その制約の中でどれだけのことができるか、いろいろと工夫するのはとても楽しい経験でした。

1箇所にすべておさめることで動線少なく快適に

5 調理家電と食器・食器棚代わりのステンレスラック

◆……ヘルシオグリエ

いよいよ話題のヘルシオを買おう、と意気込んだものの、友人のブログを読むと、なんと17kgもある、というではありませんか。

冷蔵庫やスタンディングデスクの天板など、引っ越してから重いものをいろいろ持ち上げたり運んだりしましたが、いくつか経験を重ねるうちに、自分が事故なく持ち上げられるものは10kgが限度だということに気づきました。

そこで、大きくて重いヘルシオは断念、かわりにオーブントースター程度の大きさの、スチームで加熱する、「ヘルシオグリエ」を購入しました。

ヘルシオグリエでは、グリルパンという、オーブンの中に入れて使う小さな小皿（グリルパン）のようなものを使うと焼き魚や魚のつけ焼きまでできます。スチームで加熱するのでオーブントースターの加熱方法とは違ってふんわりと仕上がります。

私の好きなものは、つけ焼きです。グリルパンの大きさは12センチ×15センチぐらい。スーパーで売っているブリや鯛の切り身がぴったり入ります。その切り身をタレ（生姜、酒、醤油、そして蜂蜜）に浸けて10分ほど放置。つけ汁もグリルパンの中で作ってしまいます。その後、グリルパンのままヘルシオグリエに入れて10分。それだけですが、なかなかの仕上がりになります。また、豚肉の生姜焼きも同じようなつけ汁で、さらに片栗粉をまぶすと驚くほど簡単にふっくらした仕上がりになります。奇跡のような柔らかさです。

ヘルシオグリエを使って主菜を作っているうちに、備え付けのＩＨヒーターでは、蓋つきグリルパン（縦横高さが、それぞれ15センチ、18センチ、3センチぐらい）で野菜をグリルします。野菜を適当な大きさに切ってグリルパンに入れ、塩、胡椒、オリーブオイルを振ります。ＩＨヒーターで10分ほど加熱。蓋はしたままです。途中で混ぜたりする必要はありません。しばらく放置している間に美味しいグリル野菜が完成します。素材の味がそれぞれ生きているので、飽きることがありません。

炊飯器は1・5合炊き。毎日1合炊いて半分を夕食に、半分を翌日のおにぎりにします。

◆……水切りラック

食器そのものが最小限の数なので、食器棚は購入しませんでした。しかし、どこかに食器は置く必要があります。アマゾンでいろいろ探していると、2段になっている水切りラックを発見。

下の段にはボウルや鍋などの調理器具を置き、上の段には食器を置くことにしました。調理器具と、食器が混ざらず、しかも洗いっぱなしにしておいても邪魔にはならないので重宝しています。

食器はカレー皿1、ボウル2、ミニカップ2、マグカップ2、すべて白で統一、これだけです。言わずもがなですが、これ以上は増やさないようにしています。

6

白もの家電と引越し手段

◆……洗濯機

洗濯機はレンタルにしました。ちょうど、不動産屋に置かれていたチラシで、不動産屋の名前を告げれば5％引きで手配ができる、とありました。洗濯機や冷蔵庫は結構嵩も高く、2年という年月で処分するのはかえって大変だと思い、レンタルを検討していたのです。2年で2万1546円でした。

のちに、2019年7月、もう1年延長することにしました。その費用は1万157円。新品を買って粗大ゴミに出すのも残念すぎるし、売るのも大変なので処分の手間を考えるとレンタルは楽だと思います。

◆……冷蔵庫

冷蔵庫も、当初はレンタルするつもりでした。120ℓぐらいの小型冷蔵庫を設置する予定でしたが、アパートのキッチンは、流しの左側にしか冷蔵庫が置けない構造になっています。

流しの右側は、床に防水パンが設置され、洗濯機置き場と決まっていました。冷蔵庫のドアは一般的に右開き。流しの左側に冷蔵庫を置くとドアはいつも流しの反対側で開き、庫内のものを取り出すにはかなり勝手が悪いのです。

ですので、レンタルショップで小型冷蔵庫の左開きドアタイプを探しました。普通の開き方ではないため、残念ながらどこにも扱いがありませんでした。

次に、インターネットで「冷蔵庫、左開き（両開き）、小型」で検索。46ℓの冷蔵庫がヒットしました。ただ、配達された状態（初期状態）は、一般的な右開きのままです。電動ドライバーを使い、冷蔵庫のヒンジをいったん取り外し、左側にヒンジを付け替えてやっと左開きにできました。

後に隣人とのトラブルで別のアパートに引っ越すと、今度は右開きが勝手がよかったので、再び扉のヒンジを付け替えることになりました。

とにかく、狭いので室内の動線には徹底的にこだわりました。部屋の中ではムダな動きは絶対にしたくなかったのです。

◆……掃除機

勝間さんは『勝間式超ロジカル家事』という本で、ロボット掃除機のルンバを推奨していましたが、19平方メートルの部屋には高級すぎます。しかも毛足の長いラグで床を覆ったので、ルンバは実力を発揮できません。そのため、いつでも思いついた時に掃除がしやすい、軽くて充電式のスティックタイプの掃除機にしました。充電さえしていれば、サクッと掃除ができます。こちらはアマゾンのセールで1879円でした。

コラム　こだわりのもの編

今回、揃えた家具類は、イケア、ニトリ、そしてアマゾンを利用して買った三段ボックスなど、一品一品は安価で、自分で作るなど手間はかかるけれど、2年を予定していた一人暮らしが終わって処分する際にも気軽にできるもの、という観点から購入しました。

しかし、コンピュータだけは仕事の道具として愛着の持てるものにしたかったのです。生まれて初めて手に入れたコンピュータは小さな白黒のマッキントッシュ。その後、ウィンドウズもしばらく使ったけれど、またマックに戻りました。

高価だけれど快適、贅沢だけど必要。ワンルームには似合わない道具でしたが、だからこそ自分の気持ちを込められる、と思いました。今も大画面のコンピュータは重宝しています。

◆……引っ越しはスクーターで

スピンオフするとはいえ、最初は少しずつ家財を揃えていたので引越し業者を使うような移動ではありませんでした。ほとんどの調度品は通販を活用しましたので家から運ぶようなものもほとんどなく、時々衣類を持っていく程度で済みました。

一昔前なら家具もなしに暮らしを始めるということは考えられなかったかもしれませんが、さまざまな商品をネットで検索し、配達してもらい、自分で組み立てる、まさに流通改革のおかげで一人暮らしは始められたのだと思います。

そして、たとえ激狭でも自分の好きなものを好きな色でまとめて持てる幸せを最初のひと月でたっぷり味わいました。

生活が軌道に乗るにしたがい、家庭から離れたこのスピンオフ空間は、自分にとってかけがえのない場所になりました。

コラム　お金のはなし

さて、主婦が自分のお金でアパート暮らしをするなんて、贅沢でお金もかかる、と思われるかもしれません。私もそう思っていました。幸い、勤務先が都心ではなく、郊外だったため、一人部屋の家賃は最初の部屋は4万8000円、次に移転した先は5万円、家賃だけで年間60万円、予定していた2年だと120万円となります。

家計からすると余分の出費をどうしようか、というのはとても重要な問題です。

私のブログで、これまで書いた中で一番人気の記事がこちらにあります。

【勝間和代さん】推奨の「ドルコスト平均法で」積み立て投信をしたら8年で資産が40％増になった話

https://kaze55.com/archives/6192

勝間さんの本を読んだのは『お金は銀行に預けるな』が最初だったのですが、その本に感銘を受け（実はその前にちょっとしたへそくりの投資を銀行を使って失敗していたので）、「投資信託を積み立てで少しずつ増やす」という手法でコツコツと積立て投資していたのです。

最初に証券取引口座を作ってから10年経った頃、ちょうど家からスピンオフしたのですが、その時に当てにしたのはその「コツコツ投資」の結果できた「含み益」でした。それは、自分が働いて得た、というより、私が「寝ている間にお金が働いてできた利益」です。それがあったため、「たとえ120万～200万円使っても、投資信託の含み益だけで十分家賃ぐらい払いきれる」と、確信しました。

月々の天引きによって、少しずつ、自分が意識しないうちに増やす、という手法で投資を続けましたが、主に自炊でやりくりしているせいか、一人暮らしの出費はそれほど大きくなく、3年目に入った今も、取り崩さずに済んでいます。

勝間さんは、私が一人暮らしを始めた頃に出版された著書、『勝間式超ロジカル家事』でも私のことを例に挙げて、このドルコスト平均法による投資を推奨しています。余裕資金ができたのは、『お金は銀行に預けるな』のおかげとしか言いようがありません。

3章❖自分を大事にする理由

夢はあきらめない！

1 自由な暮らしに憧れる本当の理由

私がなぜ自分時間を優先するのか、あるいは「わがまま」を通してでも自分のやりたいことを優先するのか、それは子ども時代、「何とかしなくては……」と強く思って生きてきた生い立ちにその原点があると考えています。昔話ですがしばしお付き合いください。

◆……DV家庭に育って

父は昭和3年生まれ、お金のことで両親はよく喧嘩をしていました。父は興奮すると、母を殴ったり、蹴ったりする、いわゆるDV家庭でした。

小学生時代の私と、3歳年上の姉の「夜のしごと」は、両親の喧嘩の様子を子ども部屋から聞いていて、父が興奮して母に手を出しそうになった瞬間に飛び出し、姉は母をかばい、私は父にしがみついて暴力を止めることでした。

「こんな夫（父）、別れてしまえばいいのに」と私はいつも思っていました。

しかし、「都会に憧れて」相手のこともよく知らずお見合いで結婚し、お嬢さん育ちだった母には一人で生きていく強さも技術もありませんでした。ただ、父の怒りの嵐が過ぎ去るのを待つしかない……そんな女性でした。

「こうなってはいけない、私は自分で生きていけるだけの力を持たないとダメだ」父に殴られてはメソメソ泣くしかなかった母の姿を見るたびに、女性も自立して生きていけるだけの力を持つことの重要性を、私は小学校1年生の時から感じていたのです。

母への暴力は、いつも資金繰りに困っていたこと、母親（私には祖母）からの承認欲求が満たされないことへの憂さ晴らしだったと思います。そんな父はストレス体質で体も弱く、母には暴力を振るいながらも、何度も大病で入退院を繰り返し、母に看病をさせていました。

父は、私が小学生の時も、中学生の時も長期入院をしていました。脱疽《だっそ》、いわゆる動脈硬化の症状で、足の指先が入院のたびに切断され、私が中学校の時には足首から先がなく、義足になっていました。

ちなみに義足になってからは歩くのも不自由になったため、母を蹴ることはできなくなりました。それでも、口と手は達者で変わらず怒鳴り、殴ったりしていました。

私が中学2年生の時に10カ月の入院。その入院の際はほとんど死相が出ていて、病院内では「あの人もうあかんで（死ぬ）」と言われていたそうです。

その後、奇跡の生還を果たし、死ぬ恐怖を前にして心を入れ替えたのか、退院後はなんと人が変わったように一生懸命働くようになりました。


中学校に入学し、英語を習い始めた時、私は自分が自立し、一人でも稼いでいけるための手段として英語は使える、と本能的に感じました。そして、その時から留学することが目標になりました。

とにかく、中学時代はよく勉強しました。英語も教科書を丸暗記するほどでした。

ところが、私が中学3年生のとき、高3の姉が突然死したのです。夏休み中のアルバイト先で倒れて、そのまま救急車で運ばれ、病院に着いたときにはもう事切れていたそうです。

詳しい状況はわかりませんが、あまりのショックに両親は遺体にメスをいれる病理解剖も許さず、姉はそのまま荼毘に付されました。

私は突然一人っ子になってしまったのです。

◆……不自由な生活の始まり

姉とは仲が悪く、喧嘩ばかりしていましたが、その姉がじつは私の盾となっていた、ということが亡くなって初めてわかりました。

家族や親戚の注目が突然私に集まって、貧乏で財産もないのに「清美ちゃんは、跡取りやねえ」とか、「養子さんとらんとあかんね」と親戚に言われるようになったのです。

母は、あんなに夫、姑、小姑にいじめられたにもかかわらず、「田口（旧姓）家の名前を継いでほしい」、あるいは「墓の世話はどうするんだ」と、事あるごとにプレッシャーをかけてきます。

高校に進みましたが、その高校は、同級生の3分の2が中学校から上がってくる小中高一貫校で、裕福で恵まれた家庭の子弟が多く、暴力家庭に育った私が馴染めるような場所ではありませんでした。ただ、誰もが優しく大らかだったのでなんとか自分もその場にいられたのだと思います。学校に行くことにどんな意味があるのだろう?と悩み、自分の行く末には不安しかなく、ほとんどまともに勉強もしない日々でした。

大学入試は当然全滅。高校も出ていない両親は、今まで「負け知らず」の道を歩んできた娘が大学に落ち、驚いたのでしょう。あわてて予備校の費用は出してくれて浪人しました。

1年勉強して、関西と東京の大学に1つずつ合格。とりあえずは大学に行きたかったので、もちろん家を出ることを選択、東京に行くことに決めました。

しかし、この東京行きが私の人生を切り開いたのです。いくつも大学に落ち、親元を離れたところから私の人生が始まったといっても過言ではありません。

2 大学卒業とともに結婚

大学では自由を謳歌しました。卓球部に入り、それがすべてのような大学生活。単位を取るための勉強はしましたが、大学生活があまりに楽しく、将来を見据えたような学びは後まわしとなりました。

大学を卒業するころはまだまだ女性にとって就職氷河期。金融機関などは「自宅・現役」ならばいいけれど、私のような「一浪・下宿」者は、最初からはねられるような時代でした。

高校時代から付き合っていた今の主人とは大学でもずっと付き合っていて、将来は結婚するつもりでした。４年生になり、周りが就活を始めた頃にはそのことがかなり現実味を帯びていました。

彼が全国転勤することがわかっていましたので、４年生になっても、普通に就活することには意味がない、と思いました。でも、母のようにはなりたくない、自分でお金を稼げる力は持っていたい、あらためて将来のことを真剣に考えました。

だったら、日本全国どこへ行っても働ける自分になればいいのではないか？

そこで、思い浮かんだのが英語でした。通訳、あるいは翻訳者になったら日本全国どこへ行っても仕事がある！と考えたのです。

大学は英文科だったのですが、たいして勉強はしていませんでした。しかし、仕事としてのスキルを身につけるために、一念発起して大学4年生の秋から通訳学校に通い始めました。


大学卒業後、半年経って結婚。

母は相変わらず「墓守」にこだわっていて、「無縁仏になってしまう」と、私が結婚するまで毎日のように唱えていました。

「大丈夫。私が生きているうち（だけは）はなんとかするから」と説得し、やっと納得したようです。

◆……ほとんど一人暮らしだった新婚時代

新婚時代はいつ帰ってくるかわからない夫を待って、ずっと夫が帰ってくる道が見える窓枠に座っていました。たいていは終電まで。

しかし私が起きている時間に夫が帰ってくることはほとんどありませんでした。深夜になって、電車がなくなると職場からバスが出ていたのですが、夫は終電にはほとんど間に合わず、ようやくそのバスに間に合わせて帰ってくるという日々でした。

なんか、新婚生活ってこんなじゃないよなぁ……。

一方、主人も私も互いに一人っ子だったため、２人の両親、特に夫の祖母の「ひ孫欲しい熱」は相当なものでした。

3 一人の時間を活かす！

「(ひ) 孫欲しい！」、親や祖父母の期待に応えたい気はあっても、授かるかどうかは神様のみぞ知るところ。

新婚気分もだんだんさめてきて夫がなかなか帰宅しないことにも徐々に慣れました。今のうちに何かやっておかないと、と思い、まずアルバイト（研究者の秘書・英語を使います）を始めました。アルバイトで勉強資金を稼ぎ、ほかの時間は自分の将来への準備時間にしました。

女性が住む場所を選ばずにできて収入がいい仕事は、フリーランスの通訳者、翻訳者だと大学卒業時に考えていたため、まず「通訳案内業国家試験」に挑戦することにしたのです。この資格があれば日本全国、観光地のあるところならどこでも外国人の観光案内を有料ですることができます。

資格を取るには予備校に通うと効率がいいと思い、当時たくさんの合格者を輩出していた「ハロー語学学校」に通って受験勉強を始めました。

校長の植山源一郎先生は、今も語学学習においてはもっとも尊敬する方の一人です。綿密な試験対策、情熱。上手なトーク、利他の精神。学校自体は閉校しましたが、現在はオンラインでさまざまな情報を提供し、今もたくさんの生徒を合格させ続けています。植山先生を信じ、必死で勉強した結果、幸い一回の試験で合格することができました。1984年のことです。

この専業主婦時代が、結果的に、自分が高校・大学の頃、家庭の事情で諦めざるを得なかった「留学」への準備期間となったのです。

4 哀しきワンオペ――始まりはボストン

通訳案内業国家試験に合格し、観光案内などの研修を始めた頃、妊娠がわかりました。さらに妊娠中に夫の留学が決まり、初めての出産をアメリカで経験することとなりました。夫とともにボストンを訪れたのは妊娠8カ月の時。日本の家族の心配をよそに「何とかなる」と強気で渡米したものの、病院の当てなどまったくありません。夫はアメリカに着くや否や一心不乱に勉強を始めています。

「自分で病院を探すしかない」と、まず夫の留学先のハーバード大学の「学生課」を訪れました。

アポなし、いきなり学生課に直撃です。

「こんにちは。私の夫はこの秋からハーバードに留学するのだけれど、私は妊娠8カ月で出産できる病院を探しているの。どこか、紹介してくれませんか?」

学生課の方も驚いたと思いますが、幸運なことにその日は学生のケアをする「スクールカウンセラー」が夏休み前の最後の出勤日。しかもその方は「駐在日本人妻の相談役」を務めているというではありませんか。

当時は日本の景気も良く、日本企業がこぞって社員をアメリカ留学させていた頃でした。ハーバード大学には駐在日本人、日本人家族が大勢いました。

スクールカウンセラーは、なんと１９８０年代に日本でベストセラーになった本、『ジャパン・アズ・ナンバーワン』（１９７９年）でトヨタの「カイゼン」などを紹介したエズラ・ヴォーゲル教授の奥様、スーザン（スー）・ヴォーゲルさんでした。

学生課の方がスー・ヴォーゲルさんに電話をすると、すぐに部屋に案内され、私は事情を話しました。すると彼女は「このような人が来ているんだけど、いい方法はあるかしら？」と病院に電話。そうして紹介された病院は、ハーバード大学医学部付属病院の「ブリガム・ウィメンズ病院」でした。

彼女が入手した情報によると８００ドル前払いすれば、産前チェックから出産まですべての面倒を見てくれる「出産パッケージ」というものがあると。

アメリカでの妊娠出産は普通、担当医制で医師を指名できるのですが、出産パッケージでは担当医を選べません。また、大学病院なので研修医の訓練にも（実験台として）使われる、とのこと。

今更担当医どうこうでもなかったので、願ったり叶ったりの条件でした。日本での妊娠経過も順調だったのですぐに予約を入れ、夫に800ドルの小切手を書いてもらい、予約日には夫の付き添いもなく、ローカルバスに乗って一人で病院に向かいました。

じつは、夫の前任者から下取りしたホンダ車があり、夫には車の免許もありましたが、彼は運転が苦手。「自分で何とかして」と言われてしまったのです。

この状態に我慢ならなかった私は子どもが生まれてからアメリカで免許を取りました。

夫婦で参加するはずの「親学級」にも夫は参加しませんでした。「授業が大変なんだよね」。もちろん、「親学級」に一人参加は日本人の私だけです。

ここまで夫にマイウェイを貫かれると、私も腹をくくるしかありません。

お産は、陣痛の合間に自分でタクシー会社に電話、寝ている夫を起こし、「夫を連れて」タクシーに乗り込みました。

陣痛の途中で胎盤剝離を起こしていきなり帝王切開になったときも、医師とのやりとりは麻酔が効いてくるまですべて自分で対応です。そして普通分娩なら3日で退院のアメリカですが、手術をしたために5日間で退院しました。

退院時はさすがに赤ん坊もいるので迎えにきた夫がタクシーに乗せてくれました。

そんなこんなで始まった育児はまさに今流の完全ワンオペ。他の家族が自家用車で行く週一度のスーパーへの買い物も、赤ちゃんを抱っこ紐にくるんでショッピングカートをひきひき、人っ子一人歩いていない道をトボトボ歩いて通いました。

この経験は体力、忍耐力だけでなく、自分で生活を切り拓いていく力を養ったと思います。

5 アメリカ流ベビーシッター活用術

子どもが順調に育ち、離乳食を始める頃になると、せっかくアメリカに来たのだから自分も勉強したい、と思い始めました。

アメリカに行く前に、私は定期購読していた英語情報誌『イングリッシュ・ジャーナル』を発行するアルクという出版社の海外特派員として採用されていました。

毎週のようにアメリカ生活のあれこれを書いては写真をつけて原稿を郵送し、月刊誌に掲載されていたのですが、ちょうどネタを求めていたこともあり、ハーバード大学社会人大学に通うことにしました。

週1回2時間の講義に出席する間の子守は、ワンオペ体制でなければ夫に頼める状態でしょうが、ロースクールの予習復習のために一心不乱に勉強する夫には頼むべくもなく、ベビーシッターを探しました。

アメリカでは、ベビーシッターはごく一般的に利用されているし、特に大学の家族寮にいると「Babysitter available（ベビーシッターできます）」というはり紙があちこちのアパートの掲示板に貼られています。

A4、1枚ぐらいの張り紙には、下の部分5センチぐらいのところに短冊の切り込みが入っており、その一枚一枚に電話番号が書かれています。それをちぎって持ち帰れるようになっていて、電話をしてお互いの時間調整をします。

何人かのシッターさんをお願いしたと思いますが、主にお願いしたのはインドの方で、留学生の奥様でした。とても上手にこどもを扱ってくれて、その上、「こんなに幸せそうな赤ちゃんは見たことがない」とお褒めの言葉までいただくことができました。

大学のコースは正直難しくてついていくのが大変でしたが、週に1回2〜3時間とはいえ、留学生の雰囲気を味わい、育児から離れることができる、忘れがたい体験となりました。

授業はjournalistic writing（記事の書き方）というもので毎週宿題が出ました。英語で与えられた課題に対する記事を書く、というものです。私の拙い英文でも先生はきちんと読んでくれていました。

夫の留学は1年だけでしたので、私はプチ留学体験とベビーシッターさんを活用すること、そしてワンオペでも何とかやっていける、という実感を得て帰国しました。

6

2度目の海外生活でついに留学

留学の夢を抱いたのは中学1年、初めて英語を習ったときでした。それから4半世紀たち、育児真っ盛り（娘たちはそれぞれ8歳、5歳、3歳）のころ、夫に海外赴任の話がきました。

留学をずっと夢見ていたのは私、でも夫に先を越され、悔しい思いを抱いていました。「いつか私も」と心に決め、「そのとき」のために英語の勉強、そして翻訳など英語で稼ぐことは続けていました。

私の人生プランでは、子どもたちに手がかからなくなる頃までにお金を貯め、しっかり準備をして留学する、漠然とそんな夢を抱いていたのです。

しかし、夫にニューヨーク赴任の話がきて、突然「夢が叶う」かもしれない、と現実味を帯びてきました。

日本にいる間にTOEFLを受験し、当時の点数で613点（満点650点）、大学院に入る資格を得ることができました。

そして、大学院の願書を書くため、英語雑誌の草分け的存在であるアルクの「留学相談」というサービスを見つけ、エッセー（小論文）作成サービスを申し込んでおきました。このサービスを使い、アメリカに行ってからＦＡＸを使って志望動機の論文の添削を受けました。また、母校に連絡し、英文の卒業証明書と成績証明書を取り寄せておきました。

赴任予定期間は3年。アメリカ・ニューヨークに着いてからは子どもたちがまず英語に慣れるまで、そして自分の大学院入学の書類を整えるために最初の1年を費やしました。


目指していたのは「国連職員」、日本人として初めての国連難民高等弁務官となった緒方貞子さんに憧れ、「日本人女性でもこんなふうに世界の舞台で活躍なんて！　私も挑戦してみたい！」と、その後を追うつもりで国際関係学の勉強をしようと決意していました。

緒方貞子さんですが、私がこの原稿を書いている最中にお亡くなりになりました。目標とさせていただいて、本当にありがたかった。毅然としたお姿が忘れられません。

ニューヨーク郊外に住んでいたので、マンハッタンにあるニューヨーク大学と、コロンビア大学の2校の入学願書を取り寄せ、必要書類を少しずつ整え、秋も深まる頃、やっと出願できました。子どもたちも徐々に現地の学校や幼稚園に慣れてきていました。

結果が届いたのは春だったでしょうか。幸いニューヨーク大学には合格、コロンビア大学では「補欠」合格となっていました。国際関係学ではやはりコロンビア大学がいい、と思っていたので、ダメならニューヨーク大学、うまくすればコロンビア大学に、と夢が膨らみました。

しばらく待っていると、ついにコロンビア大学から補欠の繰り上げが決まったとの通知が届きました。

学校は9月始まり。夏休みの家族旅行は私だけ一足先に切り上げ、オリエンテーションに向かう、というスタートを切りました。ニューヨーク滞在中の残りの2年間は、育児と勉強の両立で常に走っていた、そんな記憶しかありません。

生涯で初めて「自分を信じて努力を続ければ、夢は叶う」と思えた2年間でした。

◆……奇跡のインターン

大学院生活の1年生と2年生の間の夏休みは、卒業要件としてどこかでインターンを経験することが義務付けられていました。

そもそもどうやってインターン先を見つけるのか、何をどうすればいいのかわからない状態での「職探し」となりました。

こうなると、火事場の馬鹿力。キャリア支援室に行き、まず自分の窮状を訴えます。子どものサマーキャンプなどのお迎え時間の制限がある、郊外に住んでいるのでマンハッタンに勤めに出てくるのは難しい、以前に就業したことがあるので「免除」してくれ、などキャリアカウンセラーに訴えました。

幸い、スクールカウンセラーが親身に相談にのってくれ、「最後の手段としては免除申請をしましょう。ただ、できるかぎりやってみましょう」と言われました。そうして私が書いた「英文履歴書」と「カバーレター（志望動機などを書く）」をしっかり添削してくれたのです。

残り少なくなっていた応募先にダメもとで片っ端から履歴書を送りました。

しかし、どこからも「面接したい」などの連絡は届かず、ほとんどあきらめかけていたある日、国連本部の「国連開発計画」のチョー・ミャンという人から電話がかかってきました。「インターンやりたいなら来ないか」とのこと。

「キター！！！」とは思いましたが、冷静に考えると「子どもが3人いて、キャンプのお迎えがあって……」と、ありがたいという気持ちと、できないかもという気持ちで、ほとんど「できない言い訳」ばかり並べる私に、ミャンさんは、電話口で「とりあえず、来なさい！」と一喝しました。

ミャンさんと面談をし、ありがたいことに国連でインターンとして働けるようになりました。

大学院在学中は、ベビーシッターさんをはじめ、ママ友仲間にすごく助けられました。特に3人の娘のサマーキャンプ*の送り迎えを、現地でママ友になった台湾人夫妻が「アジア人同士だからね」と引き受けてくれ、「インターンがんばれ！」と全面的に協力してくれたのです。

*夏休みが長いアメリカでは、子どもたちは「サマーキャンプ」に参加します。日帰りのもの、合宿のもの、いろいろな団体が主催しています。合宿のものはプライベートでとても高く、裕福な家庭の姉弟が行くことが多いようです。普通の公務員家庭でしかも3人まとめてキャンプに入れるとなると費用もなかなか大変なので、住んでいた市が運営するキャンプに参加させました。キャンプでは、地元の高校生と遊んだり、工作をしたり、勉強以外のアクティビティをいろいろ実施してくれるので子どもたちは楽しかったと思います。

サマーキャンプの間は、朝、夫と子どもをそれぞれ駅とキャンプに送り、自分はそのまま車で駅に。駅に車を停めて電車に乗り、マンハッタンのグランドセントラル駅へ。駅から国連本部までは徒歩10分ぐらいのところを、走って通い、走って戻りました。電車の本数はそれほど多くないので、いつも時間との闘いでした。

無事にインターン期間を終え、チョー・ミャンからは「就職」のために、と推薦状まで書いてもらって卒業に必要な単位を得ることができました。

夢にまでみた国連での勤務。その後、実際に緒方貞子さんのような活躍をすることはできなかったけれど、25年抱き続けた夢を実現できて心から嬉しかったです。

ＤＶ家庭に育った私でも、夢を忘れず小さな努力を続けることで叶うこともある。本当はもっと早くに実現できていれば人生はまったく違ったものになっていただろうけれど、その時々で最善を尽くすしかない。流れに逆らわず、来た流れを利用する、そのように生きてきた気がします。

7 帰国後のキャリアパス　日本の壁は厚かった……

3年間のニューヨーク滞在を終えて1997年に帰国しました。コロンビア大学大学院の同級生の中には実際に国連に就職するなど素晴らしいキャリアを積み始めた人もいましたが、私は家族と離れることができなかったので日本に帰って新しい仕事を探しました。

帰国後、しばらくは子どもの逆カルチャーショックの回復のため外で働くことは諦め、以前やっていた翻訳を再び始めるなど、日本への再適応に努めました。

帰国後1年ほどして子どもがおちついた頃、外で働こうと職を求め始めましたが、すでに39歳。日本での女性の中途採用における年齢の壁はとても厚く、どうやって仕事を見つけようかと思い倦《あぐ》ね、とりあえず派遣会社に登録してみました。しかし、派遣会社からは「なしのつぶて」でした。

そんな時たまたま見つけた同窓会の機関紙で大学の先輩が国会議員をしており、秘書（パート）を求めていることを知りました。どういうわけかスタッフが次から次へと辞めるため、人手不足だったようで書類と簡単な面接だけで採用されました。

仕事は主に電話番や名刺の整理など、毎日、何をやっているのかわからないような「はちゃめちゃ」の職場でしたが、国政の中心にいる、また、時々歴代首相経験者から電話がかかってくるなど、その事実だけで面白いところでした。

その後、いくつかの職を経て、現在の職場に落ち着いたのですが、これまでの職歴や留学経験などを評価され、女性であることや、年齢が障害にならないような採用をしてくれたと思います。48歳の時でした。

ここに来て初めて「人生に無駄はなかった」と実感しました。

◆……勝間塾とマラソンと乳がんと

私が現在の職場に入ったのが2006年3月、仕事にも慣れてきて新しいことを始めたいと思っていた頃、経済評論家・**勝間和代**さんが**勝間塾**を立ち上げました。東日本大震災の時が第1回の会合だったと思います。

私が入塾したのは2011年9月。入ってみると月例会でお話を聞いたり、オフ会で交流するだけでなく、勝間塾は「部活」が活発でした。塾に入って1年ぐらい過ぎた頃、「皇居を走りませんか」というお誘いに目が止まりました。塾生であれば誰でも参加できるそうです。

　それまで自宅近くの駒沢公園をゆっくりジョギングすることはあっても、誰かと一緒に走ることはなく、生まれて初めて10キロという距離を仕事帰りの皇居で走った時は、すごく苦しかったけれど達成感がありました。

　ふとしたきっかけで始めたマラソン。仲間と合宿したり、駅伝大会などに参加したりするなど、いろいろやっているうちに「東京マラソン」にみんなで応募しよう、ということになり、２０１３年秋、初当選。２０１４年2月、55歳で初マラソン、初完走を果たしました。

　完走した喜びと感動はとても大きく、これからますます記録も伸びて、すごいことになるぞ、と意気込んでいた２０１４年の春、事態は急転しました。

8 まさか私が⁉ がん告知

毎年受診しているマンモグラフィーで再検査となり、さまざまな検査を受け、2014年6月に乳がんの告知、7月には手術という事態になりました。

手術が終わって、切り取った部分の病理検査の結果「微小乳頭浸潤」という、お医者さんの言葉でいう「顔つきの悪い」タイプのがん細胞であることがわかりました。

顔つきが悪い、というのは、転移しやすい「がん」、という意味です。

当初予定されていた手術だけで終わることはなく、その後、放射線治療（5週間）→ホルモン治療、というコースから、放射線治療（6週間）→抗がん剤治療（3週間おき6回）→ホルモン治療というコースに変更する、と主治医は言いました。

◆……東京マラソン2年連続当選

手術することには同意しましたが、治療方針の変更、つまり抗がん剤治療は、はっきり「やりたくない」と拒否しました。ちょうどその頃、東京マラソンの抽選発表があり、なんと2年連続で当選していたのです。

東京マラソンは、今や人気のレース。なかなか当たらないことで有名で、だいたい10人に1人当たればいいほうです。それが2年連続で当選しているということは、私に「走れ」と神様が言っているようなものだ、と感じていました。

抗がん剤治療なんかしたら、髪の毛はなくなるし、体力がおちて練習もできなくなる、だからやらない、とかなり粘りました。

「だって、(東京マラソンに2年連続で当選するなんて)私は100人に1人の〝逸材〟なんですよ！」と医師に訴えました。今思うとちょっと滑稽《こっけい》ですが、当時はいたって真剣でした。

何度もカウンセリングをして、抵抗を試みましたが、それでも医師は「僕は迷いなくやります」と言い切り、私もここは言うことを聞くしかない、と覚悟を決めました。

最後のあがき？として「先生、（ランニングの）練習するぐらいはいいですよね」と聞くと、「ああ、練習ぐらいはいいよ」という返事をいただきました。

もともと走ることが苦手な私（小学校の50メートル走ではずっと九秒台でした）が、なぜこんなに苦しい練習までして走ることにこだわったのでしょう。

じつは、五十歳までは、単に「走る」だけのジョギングやランニングなんて、一生やらない、と言っていました。夫は元陸上部でたまに一緒に走ったりしましたが、私はいつも彼の半分ぐらいしか走りません。だって「楽しくないから」。

でも、五十歳を迎えた時、ふと、思ったのです。「人生、もう、半分生きた。これからは、これまで絶対やらなかったことに挑戦してみよう」。

そうして選んだことのひとつがランニングでした。先に書いたように、たまたま声をかけてくれた勝間塾の仲間と一緒に皇居を走ることがあり、なんとか10キロを走りきれたこと、そして走った後の飲み会が楽しかったこともあり、続けられそうな気がしました。

熱心な仲間に支えられて続けていると、２０１３年の抽選で東京マラソンに初当選、初完走したのが２０１４年の２月です。完走の達成感、そこに至るまでの練習の日々、全てが充実していました。

東京マラソンでは、私のランニング仲間や家族、友人が38キロ地点、あと残り4キロという一番苦しい時に、待っていて応援してくれることになっていました。2月の東京、という寒い中、ただ友人が走っているというだけで駆けつけてくれる仲間。中には参加したかったのに抽選に落ちて自分は走れない人もいっぱいいました。そこには純粋に「仲間を、そして走っている人すべてを応援しよう」という損得勘定抜きの心が満ち溢れていました。応援が、これほど人を奮い立たせるのだ、力を与えるのだ、ということを、自分が選手となって苦しい42キロの道のりを駆け抜けて、初めて知ったのです。

その感動は、私がその後も走り続ける原動力となりました。

初マラソンを終えて、今度は次のシーズンへ、となおも練習していたさなかに乳がんがみつかり、転移しやすいがんであることがわかったのが2度目の東京マラソンに当選したころです。

私が走ることとは、仲間の力をもらうことであり、その力を持って走れば私もがんあるいは他の病気に苦しんでいる人を応援できるかもしれない。

そう思ったら、「あきらめる」という選択肢は私には全く思い浮かびませんでした。自分が応援を受けるのと同じように、誰かを応援する人になる、と決めたのです。

実際、2度目のマラソン完走後にその体験をブログに書くと、「力が湧きました」というがん患者さんからのメッセージをいただいています。

2014年8月から9月にかけては放射線治療を行ないました。朝、まず近所の公園までランニングの練習。帰宅し、シャワーをして病院へ。放射線治療そのものは10分ぐらいですが、とにかく誰よりも早く放射線治療を受け、会計を終えて通勤します。

どんなに急いでも病院を出るのは9時。そこから1時間半かけて職場に行き、10時半頃到着します。遅れた分は、遅くまで仕事をして帳尻をあわせていました。

週末を除いて6週間、毎日朝練プラス放射線治療を続け、10月は治療を一休み。その後はいよいよ抗がん剤です。抗がん剤治療は11月から始まりました。

◆……抗がん剤治療の開始

11月に入り、1回目の抗がん剤。最初の抗がん剤は3日間入院し、反応を見ます。入院中はなんの変化もなかったので「なーんだ、たいしたことないじゃん」と意気揚々と退院しました。

が、甘かった……。

帰宅してから徐々に体調は悪くなり、抗がん剤を身体に入れてから5日目、いきなり発熱。そして、起きられなくなりました。

白血球が減りすぎて抵抗力がなくなってしまったようでした。週末は寝て過ごし、週が明けて月曜日、なんとか一人で病院へ。

白血球を補う注射をしてもらい、あらためて抗がん剤の怖さを知りました。その後は、脱毛、便秘、口内炎、疲労、皮膚の乾燥、乾燥による全身のかゆみ、味覚障害などさまざまな症状が次から次へと発生し、本当に「生きた心地」がしませんでした。


しかし、そんな状態でも起きられるようになったら、また、走り始めました。最初は5キロから。そろそろ日の出の時間が遅くなる秋口から冬にかけて、真っ暗な道を公園まで、毎朝10キロを目標に徐々に身体を慣らしていきました。

とにかく、東京マラソンのスタートラインに立つ、ただそれだけを心に決めて走る日々でした。ただ、風邪をひくと抵抗力が低下しているからひどい目に遭うと思い、雨の日だけはお休み。朝、窓の外で雨音が聞こえたら「今日は走らなくていい」とほっとしたものです。

副作用の味覚障害からくる食欲不振で一気に痩せ、長年の友人には「しわしわ」と揶揄され、髪は脱け、走るときはウールのキャップを目深にかぶり、練習中は帽子が脱げたりしたら恥ずかしいので誰にも会わないようにしていました。

東京マラソン当日は5回目と6回目（最後）の抗がん剤治療の間でした。抗がん剤を点滴するとその後1週間ぐらいは便秘したり、だるかったりして調子が悪いのですが、2週目、3週目には体調はやや戻ります。ちょうど、調子のいい期間がマラソン当日にあたったのはラッキーでした。

◆……いよいよゴールへ

がんのことなど何も知らなかった2014年の東京マラソンから1年後、脱毛した頭をキャップで隠して、1年前よりも45分遅いタイムでゴールしました。

自分が走りきれた原動力は、まず家族、そして仲間の応援のおかげです。その後、私が本格的にブログを書き始めたのは、「ありがとう」の気持ちを言葉にして残しておきたかったからです。

今思えば、マラソンがあったから抗がん剤治療中も「がん」のことをほとんど考えなくてよかったのだ、と思います。スタートラインに立つ、ということだけが当時の私の頭を占めていて、「がんだからおとなしくしていなければ」なんて考えることは微塵もありませんでした。

人生には、じつは**「逆境」といわれるものなんかなく**、ただ**成長へのハードル**があり、その乗り越え方は人それぞれ、そして、首尾よく乗り越えた後はさらに成長している自分がいる、そんな繰り返しだったような気がします。

4章❖いつからでも遅くない！

夢中になれること見つけませんか？

1

人生後半での新たな挑戦

前にも書いたように、女性ライダー雑誌に載せていただきましたが、私はライダーでもあります。48歳でとった中型免許でツーリングを楽しみ、50歳で始めたマラソンで、**人生の前半にはできなかったことに挑戦**できました。

人生の折り返し地点で、これまでの継続ではなく、まったく新しいことに挑戦してきたのです。

そのようなきっかけを作ってくれた友人との出会いは、例えば新しい職場であったり、あるいは勝間塾のような勉強の場であったり、それまでの自分の安住の地を一歩踏み出した場所でした。

新しいことに挑戦してきた、と言っても、自分はそもそも社交的ではなく、引っ込み思案。例えば、大勢の人が集まるパーティなどではまさにニコニコして立っているだけ。なので、新たな場所に出ていくことはそもそも苦痛ですらあります。

英語にしても、日本語でもおしゃべりが苦手なので、読む、書く、聞くまでは何とかなるものの、「話す」こと、つまり英会話は正直なかなか上達しません。語学をやるには向いていない性格かなあとか、未だに悩んでいます。

それでもこれまで何とかなってきたのは、新たな世界に「飛び込んで行く勇気（時に無謀）」だけはあり、そのあとは周りの人に助けられてきたから。自分を信じて、工夫して、続ければ道は見えてくる——そして「苦手」なことをもつのは「苦手なことをもつ人の気もちがわかること」と考えて学び続けています。

2 TOEICコーチへの道――英語を極めることに「決めた！」

一人暮らしを始めた当初は、「これから時間ができるはず」なので、たっぷり睡眠をとって、本もいっぱい読んで、筋トレもして、ブログもいっぱい書いて、仲間とたこ焼きパーティして、麻雀して、手抜きしがちなお肌の手入れにも時間をかけて、そしてたまに寝坊して、という「やりたいこととてんこ盛り」の生活になると考えていました。

しかし、そのうちに、自分の楽しみに時間をかける以外に、何か**もっと「人の役に立つ」ことを始めたい**と思い始めたのです。

そして、英語を教えたい、と決めたのはいいのですが……。まったく実績はありません。これから作らなければならない。遅咲きどころか、まだ芽も出ていません。

まずは自ら勉強して、と2017年10月には8年ぶりにTOEICを受験。まったく勉強せずに受験して880点、それから1年半かけてさまざまな試行錯誤の結果、難易度が増しているといわれている新形式のTOEICでやっと985点を獲得することができました。

勉強でも、トレーニングでも、すぐには成果は出ません。自分が納得いく結果を得るためには、時間と粘り、そして工夫が必要ではないかと感じるこのごろです。だからこそ、誰に遠慮もなく勉強ができる「一人の部屋」はまさに私の「インキュベーター」、じっくり成長を促す「孵卵器」なのです。

一人暮らしを始めて、いろいろなことが実現しました。でも、やればやるほどやりたいこと、やるべきことが増え、時間の足りなさに唖然とするほどです。

たとえば、「教える」ということは、その人の人生に関わることです。いい加減な気持ちでは教えられません。教えた結果、「もう英語はいいや」といわれてしまうと、その人の人生の機会を失わせてしまうかもしれません。

なので、今の私のチャレンジは、これまでにも増して大変な事業だと感じています。

エピローグ——結局、主婦はやめられたか？

2つの拠点を持つことになった私は、見方によっては家事の「守備範囲」が増えただけなのかもしれません。

自宅に戻ると、仕事第一の夫は私がいないのをいいことに、ますます仕事に励み、じつはその分、洗濯などの家事負担が三女にかかっているようです。

なので、週末に自宅に帰るとすぐに掃除に取り掛かる、ということも珍しくありません。結局「あっちにいっても、こっちにいっても掃除・洗濯・片づけからは逃れられていない」、というのが本当のところです（ただし、私が家にいる間は、三女、そして夫が料理をしてくれます）。

そして、週一の家事はそれほど苦痛になっていないから不思議です。平日は自分が管理できる場所で（自分以外の人が散らかさないので）気持ちよく過ごせますし、週末は、自分の居心地がいいように家事をする、と気持ちを切り替えることができるようになってきたからです。

どちらも自分にとっては大事な空間と時間で、この2拠点生活は今のところ、私にとって一番生産性があがる形だと思っています。

要は、いちばん自分の生産性をあげる形を模索し、作っていくことが大切なのです。たとえ2拠点にしなくても、家の中に自分の空間と、一人の時間があればスピンオフする必要はなかったかもしれません。ただ、自分には遠距離通勤があったので、やはり職住接近は必須でした。

◆……未来へ

２０１９年3月、13年勤めた職場を一旦定年退職しました。「嘱託」として週休３日の日々になると思っていたところ、制度が変わり、フルタイムを選択できるようになりました。

どうしようか、と悩みましたが、まだ英語教授法のメソッドが自分の中できちんと形作られておらず、起業に至らないと判断し、相変わらずのお勤め暮らしです。急激に収入が減ると、起業準備もままならないからです。

じつは当初2年と決めていた「やめ主婦」暮らしですが、始めた時に2年後の目標を自作のカレンダーに書き込んでいました。

「都内でより大きな部屋へ引っ越し」

自分でもその「野望」に驚くのですが、一人暮らしを始めた時に2年後には次の目標に向けて動いている、と自分で暗示をかけていたのです。

半年遅れにはなっていますが、「野望」は半分実現し、2019年2月、夫と2人で都内の家の近所に事務所を借りました。そこは、また新たな自分の活動場所になると思います。TOEICコーチとしての仕事、そして新たに考えている「英語嫌いにならないための中学生の英語補習塾」の場所です。

そして、あとはコンテンツ。これは1年遅れぐらいで進行していますが、少しずつ下準備を進めています。

何はともあれ、自分の時間を奪う二大要素（通勤時間と家事）を排除して、時間を確保する、という2年前の決断は大正解でした。今はそれらに邪魔されず進むことができています。

◆……あなたへ

さて、ここまで書いてきて、無責任なようですが、誰にでも「家を出て自由にしよう」なんてけしかけるつもりはありません。「やめ主婦」となって、ますます感じるのは家族の温かさであり、私の進む道を応援してくれる仲間や師のありがたさです。

私には自分のやりたいことをやるために圧倒的に時間と空間というリソースが足りなかった。だから、今思うと**自分に足りないものを「外注」した**のです。

これから何かをやりたい、自分の使命を、好きなことを見つけたい、あるいは見つかっているけれど踏み出すことができない、と考えているあなたには、その**実現に何が足りないのか、ということをまず考えてみる**ことをお勧めします。

そして、足りないもの、足りているものを選別し、**足りないものをどこかで調達する。**家事の外注でも、スペースでも、また、ロボット掃除機のルンバでも、とにかく自分でやらなくてもいいことをはっきりさせることが、あなたの人生を前に進めることになるのではないかと思うのです。

その中で**選択した道や手段が、ちょっとわがままだっていい**、と思います。自分だけが損をしている気持ちになって勝手に「被害者」になるよりも（実際、私は私だけが家事をしている、と被害者ぶっていました）、わがままを言ってみる、やってみる。だって人生は一度きり、だから。我慢している時間、もったいないです。

ただ、私が言うのもナンですが、大切な人の理解は得てほしい、得る努力はしたほうがいいと思います（私の場合は行動が唐突すぎたかな？　ここは、家族の寛大さに感謝しかありません）。

私が選んだわがままは、「**主婦だけど一人暮らし**」。

やっぱりやってよかったです。

あとがき

本書出版のきっかけは２０１８年秋、「主婦起業の専門家」でネットスキルアップ塾「彩塾」を主宰する山口朋子さん、そして、「伝わる文章の専門家」で、すでに20冊以上の本を出版している山口拓朗さんご夫妻が主宰する「出版合宿」に参加したことでした。

彩塾には２０１５年から入塾、インターネットを活用してどんなことができるか、塾でいろいろ学びながら自分の道を模索していました。しかし、遠距離通勤、家事負担の毎日に疲労困憊。自分のことを考える余裕もない日々がどんどん過ぎていきました。

そんな生活に一発逆転をもたらすべく定年直前に始めた一人暮らし。そして、その様子を語ったブログが思わぬ大反響を呼び、「やめ主婦」という言葉が次第に社会的認知を得るようになりました。

その頃、「私たち、主婦やめます」というキャッチコピーを使った山田洋次監督の映画『妻よ薔薇のように　家族はつらいよⅢ』という映画が封切られています。こうしたことを背景に、ＭＯＭＯさん（山口朋子さんの愛称）から、「きよみちゃん、『やめ主婦』シリーズ面白いから、本を書きなよ！」と言われ、合宿に参加したのです。

合宿では初めて企画書作りを経験し、いくつかの出版社さんからお声がけいただいたもののの、なかなかご期待に添えるような内容を提示できず、「やめ主婦」の出版はほとんどお蔵入りとなっていました。

ところが、同じ働く主婦の立場から、私のブログや人生観に共感をもってくださっていた編集者の金本智恵さんがこの企画を掘り起こし、言視舎の杉山尚次さんにお声がけいただいたことから再び話が動いたのです。2019年7月末のことです。

その後、実家の母の認知症が進むなど、介護と仕事、そしてこれから進めたい英語講師の準備などの合間を縫っての執筆で、なかなか原稿が進まず、関係者のみなさまには大変ご迷惑をおかけしました。

もっと書けることはあった、もっと送れるメッセージはあったのではないか、と反省は一杯です。それでもこの本が出たことで、ちょっと困った状況（？）にある主婦のみなさんが、

「どんな困難も成長へのハードル、越えた向こうにはもっと成長した自分がいる」と信じて前を向いて進んで行ってくれることを願ってやみません。

山口夫妻、金本さん、杉山さんには感謝の気持ちしかありません。ありがとうございま

した。

そして、いつも私を理解し、背中から後押ししてくれる夫、そして私の言動にあきれながらも温かく見守ってくれる子どもたちにはいつも愛と感謝の気持ちでいっぱいです。ありがとう。

[著者紹介]
大野清美（おおの・きよみ）
1958年大阪生まれ。大学卒業後、夫の転勤に伴って各地を転々としつつ、通訳・翻訳などフリーランスの仕事を続ける。夫のニューヨーク転勤の機会を活かして37歳で3児を育てながら長年の夢だった米国コロンビア大学国際関係学大学院への留学を実現。NYの国連本部にある国連開発計画にてインターンを経験する。現在は「TOEICコーチ」として活動中。英検1級、TOEIC 990点取得。

ブックデザイン………長久雅行
DTP制作………勝澤節子
編集協力………田中はるか

「やめ主婦」はじめました！
たった一度の人生、わがままだっていいじゃない！

発行日❖2019年12月31日　初版第1刷

著者
大野清美

発行者
杉山尚次

発行所
株式会社言視舎
東京都千代田区富士見2-2-2 〒102-0071
電話 03-3234-5997　FAX 03-3234-5957
https://www.s-pn.jp/

印刷・製本
中央精版印刷㈱

© Kiyomi Ohno,2019,Printed in Japan
ISBN978-4-86565-166-9 C0036

言視舎刊行の関連書

978-4-905369-47-9

子育て主夫青春物語
「東大卒」より家族が大事

長男誕生、２年間の育休の取得、海外での生活、復職して逆単身赴任、そして著者は大手企業の技術系研究職を辞め、在宅翻訳家兼子育て主夫を選んだ。人が生きるうえで何がイチバン大切なのか、が伝わってくる一冊。

堀込泰三著　四六判並製　定価1400円＋税

978-4-905369-92-9

あなたは理系女子？
YUKO教授がつぶやく超「理系女子」論

なぜ理系女子が注目されるのか？　その存在は日本社会に何をもたらすのか？　理系・文系の壁を突き破り、ジェンダーを超え、国境も超えてワールドワイドに活動するための思考法と行動原理、それが超リケジョ論。

原山優子著　四六判並製　定価1500円＋税

978-4-86565-153-9

理系・文系「ハイブリッド」型人生のすすめ
AI時代をリードする「生き方」指南

ＡＩ時代には理系・文系の垣根を超えた「ハイブリッド」型の人間になる必要がある。どういうメリットがあるのか、どうしたら可能か、具体的かつ丁寧に解説。進路や就職に悩む学生、指導する先生、企業の採用担当者、必読の書。

江勝弘著　四六判並製　定価1400円＋税

978-4-86565-021-1

大阪のオバちゃんの逆襲

大阪のオバちゃんは誤解されすぎ！　ここらで逆襲や！いつも心に大阪のオバちゃんを！
東京に来た「真性大阪のオバちゃん」が、陽気でフリーダムで笑いがいっぱいのその魅力とオモロサを報告。日本にはこのノー天気な生き方が必要。

源祥子著　四六判並製　定価1400円＋税